新典社選書 83

これならわかる復文の要領

――漢文学習の裏技――

古田島洋介 著

新典社

はじめに —— 復文の過去と現在 ——

復文《ふくぶん》は、書き下し文から漢文の原文を復元する学習法です。漢文に熟達するための捷径《しょうけい》つまり早道として、江戸時代は元禄元年（1688）ごろから少なくとも戦前すなわち昭和二十年（1945）まで、ざっと二百六十年間にわたって活用されていた学習法です。教科や分野を問わず、また一般人か専門家かを問わず、能率がよく効果の高い学習法が歓迎されるのは、今日でも当然のことでしょう。けれども、復文という学習法は、戦後（1945–）漢文教育が衰退してゆくとともに、その著しい有効性にもかかわらず、水準の高すぎる学習法として学校教育の現場で禁止され、しだいに消え失せてしまったのです。今や、大半の方々にとって、復文という語そのものすら耳遠くなっているに違いありますまい。

復文の歴史は、大まかに見て、二つの時期に分けられます。

第一期は、江戸の漢学塾時代です。復文を漢文の学習法として整備したのは、京都の伊《い》藤《とう》仁《じん》斎《さい》（1627–1705）・東涯《とうがい》（1670–1736）父子でした。その漢学塾で復文が始まったのは、遅くとも元禄元年（1688）ごろ、すなわち十七世紀末のことだったでしょうか。その復文法の理念と概要を東涯「訳文法式」に、また、その復文練習の一斑を反映している具体例を林《はやし》義端《ぎたん》（?–1711）

の「訳文式例」に見ることができます。いずれも林義端〔編〕『文林良材』（元禄十四年〔1701〕刊行）首巻に収められました。その後、江戸の山本北山《やまもとほくざん》（1752–1812）も独自の工夫を加えた復文練習を門人たちに課しています。北山の復文法は、その著『作文志彀《さくぶんしこう》』（安永八年〔1779〕刊行）に記されました。

しかし、第一期を代表するのは、何と言っても京都の皆川淇園《みながわきえん》（1734–1807）が編纂した復文問題集『習文録《しゅうぶんろく》』初編（全五十題／安永三年〜寛政三年〔1774–91〕刊行？）です。淇園の漢学塾で復文が始まったのは、おそらく安永元年（1772）のころでしょう。『習文録』初編は基本的に伊藤仁斎・東涯の方式を受け継いでいますが、弘化三年（1846）ごろまでには二編・三編・四編（各五十題）も刊行されました。いずれについても刊行時期が確定できませんが、明治維新後、そのすべてを取りそろえた『習文録』初編〜四編（京都／藤井孫兵衛、明治九年〔1876〕）が刊行されています。『習文録』は、明治期にまで影響を及ぼした復文問題集だったのです。

第二期は、明治〜戦前の文検時代です。文検とは「文部省師範学校中学校高等女学校教員検定試験」の略称で、明治十八年（1885）の第一回に始まり、大戦中に実施された昭和十八年（1943）の第七十八回まで続きました。戦後の昭和二十二〜二十四年（1947–49）にも第七十九〜八十一回の試験が行われましたが、これは戦前の余波にすぎません。すなわち、いわゆる旧教育制度のなかで実施されていた教員資格試験こそが文検です。試験があれば受験勉強があり、受験勉強があれば受験参考書がある。遅くとも大正元年度〔1912〕第二十六回以降、文検の「国語及漢文」科で復文が出題されたため（明治期の復文問題は存否も含めて未確認）、自ずから復文を主眼とする受験参考書が刊行されました。未だ精査には及んでいませんが、山下賤夫『漢文法解説　復文の系統的練習』（国民教育会、大正十五年〔1926〕）・内田勇『文法に立脚せる　復文漢作文の演習』（大同館書店、昭和十年〔1935〕）などが代表でしょうか。大正末年あたりから昭和十年代半ば（1925-41）にかけて、文検の受験対策を念頭に置いた復文学習書が続々と世に現れたのです。なにしろ、文検の合格率は、最高でも一三％、通常は七〜九％でした。難関ゆえの受験熱に応《こた》える参考書が執筆されたのは当然のことでしょう。

一方、明治以降、学校の教育現場にも復文が取り入れられ、漢文の教科書に時おり復文問題が載っていました。もちろん、教員によっては、独自に多数の復文問題を課していた場合もあるでしょうが。

要するに、教員志望者が文検の合格を目指して懸命に復文を学び、生徒たちは学校の授業中に折に触れて復文を習う——これが戦前の概況であったと思われます。

ただし、右のように大きく二期に分けられるものの、その復文学習の目的は、総じて漢文が正しく書けるようになることでした。文検でも、大正五年度〔1916〕第三十回までは、漢作文と称しつつも、その実、漢文訓読体の文章を漢文に改める問題でしたから、実質は復文もどきであったと言ってよいでしょう。復文が漢作文とほぼ同義という時代が続いていたのです。往時は、復文と漢作文とを併《あわ》せて「復作文」と称することも珍しくありませんでした。

ところが、戦後、漢文教育は、衰退の憂き目に遭いました。昭和二十四年（1949）を最後に文検が廃止され、昭和三十年代半ばには、学習指導要領において、白文とともに、復文による指導が学校教育の場で禁じ手になってしまったのです。昭和三十五年（1960）十一月一日に文部省が告示した『高等学校学習指導要領』国語編「古典乙Ⅱ」漢文に、指導に当たって考慮すべき点として、「なお、白文の読解や復文の練習は原則として行なわないものとする」（三一頁）と明記されました。以後、復文練習は、白文練習と衰運をともにし、漢文学習の場から確実に姿を消してゆきます。いったん途切れた伝統は、おいそれとは復活しない。今日、書店で目にする各種の漢文の学習参考書も、復文の要領を具体的に紹介するものは皆無と言ってよい状態です。現状のままでは、遠からず復文という学習法が記憶の彼方に消え失せてしまうことでしょう。

しかし、復文は、その要領さえ身につけてしまえば、決して極度に難しい性質の学習法ではありません。しかも、今や漢文を綴らねばならぬ時代ではなくなったのですから、漢文を読むための糧《かて》にするだけでも十分。出題形式に些少の工夫を加えさえすれば、往時に比べて学習の負担ははるかに軽く、さほど肩に力を入れる必要はない。漢文がどのように書かれている言語なのか、取り敢えずは語法・文法に対する理解を深めるべく復文を学べばよいわけです。

そのうえ、今日、もはや復文は学校教育の場でも禁忌《タブー》ではありません。平成二十五年（2013）六月二日、千葉市は明海大学で開催された第二十九回「全国漢文教育学会」大会において、文部科学省初等中等教育局主任視学官（当時）西辻正副《にしつじまさすけ》氏の御講演を拝聴する機会があったため、大会終了後の懇親会の席上、同氏と話を交わしつつ、単刀直入に「現在でも復文の指導は禁じられているのですか？」とうかがってみたところ、「現在の指導要領は、かつての指導要領とは異なり、〈～をしてはいけない〉式の書き方はしないことになっています。指導要領の趣旨に副《そ》っているかぎり、現場の先生方が指導法をいろいろ工夫なさるのを妨げることはありません」（文責＝古田島）との回答でした。喜ばしいかぎりではないでしょうか。学習指導要領が復文に課していた軛《くびき》は、すでに（知らぬ間に？）取り外されていたのです。

各位が本書によって復文の要領を会得し、その有効性を理解・認識してくださることを通じて、復文が漢文の学習法として一日も早く復活を遂げるよう希望しています。

＊右に言及した過去の書物に見える復文問題の実例は、本書「〈付録〉往時の復文問題」に挙げてあります。

〔参考文献〕

・内田勇『文法に立脚せる復文漢作文の演習』（大同館書店、昭和十年〔1935〕）
・寺崎昌男＋「文検」研究会〔編〕『「文検」の研究――文部省教員検定試験と戦前教育学』（学文社、平成九年〔1997〕）
・李長波「江戸時代における漢文教育法の一考察――伊藤仁齋の復文と皆川淇園の射覆文を中心に」（『Dynamis ことばと文化』第六号、平成十四年〔2002〕九月）
・拙文「復文の地平――失はれた学習法の復活を目指して」（『明星大学研究紀要【日本文化学部・言語文化学科】』第十五号、平成十九年〔2007〕三月）

目　次

はじめに ―― 復文の過去と現在 ―― …… 3
凡　例 …… 13

I　入門篇

復文とは何か？ …… 19
無意識の復文作業 …… 21
何のために復文を学ぶのか？ …… 22
復文の効用 …… 26
漢文の語順 …… 28
A　基本文型…29／B　語間連結構造…47
語順変換規則 …… 82

Ⅱ 基礎篇

書き下し文とは何か？……87
《復文作業用資料》…92
出題形式……94
復文の手続き……99
二つの重要な心構え……106
復文の作業例……108
基礎事項確認問題……113
◇基礎篇《Q1》～《Q10》解説&解答……116

Ⅲ 修練篇

修練問題1 置き字「而」〔付〕「以」……137
修練問題2 存在表現「有」「無」……142
修練問題3 助動詞類……146

修練問題4　使役構文……160
修練問題5　「所」「所以」……162
◇修練篇《Q11》〜《Q68》解説&解答……172

Ⅳ　発展篇

発展問題1　主語＋「之」＋述語……219
発展問題2　形容詞的修飾語句＋「者」〔付〕連体形＋「之」＋名詞……229
◎総合問題……240
◇発展篇《Q69》〜《Q112》解説&解答……243
◇総合問題《Q113》〜《Q120》要点&解答……273

Ⅴ　応用篇

訓読の検証法として……282
漢文訓読体の読解法として……292

〈付録〉往時の復文問題……297
あとがき……311
索引（語彙索引／事項索引／人名索引／練習問題出典索引）……326

凡 例

一　本書の対象は、狭義の漢文に関する復文に限定し、漢詩の復文は扱わない。

二　復文という一種の技術の習得に内容を限定し、特に必要がないかぎり、各文の解釈には踏み込まない。また、歴史・思想・宗教など、漢文の文化背景にも言及しない。

三　文法用語は、できるかぎり英文法および文語文法の用語に限定し、漢文法に独特の用語はなるべく使わないようにした。たとえば、「補語」は、標準的な英文法にいう「補語」complement であり、一般の漢文法にいう「補語」（実はフランス語文法にいう「補語」complément の借用）とは異なる。また、現代中国語の文法用語（たとえば「程度補語」「兼語式」など）を援用することも避けた。そのため、文法については、あくまで英文法に基づく便宜上の説明・分析にとどまる場合もある。

四　句形の復文については、使役形・受身形など、最小限の代表的な句形を扱うにとどめた。その他の句形の復文に関しては、いずれ読者各位が然るべき他書を用いて学習せんことを期待する。

五　漢文訓読に不慣れな読者をも想定し、訓読文の置き字には「而《φ》」のごとく「φ《ファイ》」（数学で空集《くうしゅう》合《ごう》を表す記号）を右傍に付け、訓読にさいして発音しないことを示す。

六　漢字の字体は、常用字体を原則とする。

七　「訓読《くんどく》」と「訓読《くんよ》み」については、送り仮名「み」の有無を以て表記を区別する。

文法用語　略号

◆品詞

N　名詞 noun

V　動詞 verb

A　形容詞 adjective

adv　副詞 adverb

aux　助動詞 auxiliary verb

conj　接続詞 conjunction

part　文末助詞 particle

＊便宜上の呼称で、文末のみならず、広く句末に位置する助詞をも含む。「也・耳・矣・焉」など。

prep　前置詞 preposition

◆構文要素

S　主語・主部 subject

＊主語は広義に用い、中核となる名詞の修飾語句をも含めて主語と呼ぶ。主部は、主題提示語句と主語との組み合わせについてのみ用いる。

P 述語・述部 predicate

＊述語の集合を述部と呼ぶ。述部が一つの述語だけから成る場合もある。

V 動詞 verb

O 目的語 object

DO 直接目的語 direct object

IO 間接目的語 indirect object

C 補語 complement

AJG 形容詞句 adjective group

M 前位副詞句 modifier

Q 後位副詞句 qualifier

AC 副詞節 adverbial clause

I 入門篇

復文とは何か？

復文とは、与えられた書き下し文から、原文の漢文を復元する作業のことです。返り点のように語順の変換を指示する符号でもなければ、送り仮名のごとく漢字の読み方や語句どうしのつながり方を明示する文字でもありません。あくまで作業の名称であり、漢文を学習するための一つの方法なのです。

「復文」二字の訓読は、「書き下し文から原文を復元する」と考えれば「復レス文ヲ」（文《ぶん》を復《ふく》す）、「書き下し文を原文に復元する」と解すれば「復レス文ニ」（文に復す）となるでしょう。どちらでも差し支えありませんが、後者「書き下し文を原文に復元する」の「を」にも義理立てするなら、前者「復レス文ヲ」のほうが無難かもしれません。

つまらぬことながら、この「復文」という語は、うっかり「複文」と誤記しやすいので注意してください。「復」と「複」は、発音が同じ、字形も似ているため、つい混同しがちです。漢文学習にいう「復文」は「復元」の「復」で、「もどす」意。それに対して、英文法などで単文・重文と対比して用いる「複文」は「複雑」の「複」で、「入り組んだ」意です。

作業としての位置付けは、次のような流れ図を脳裡に描いておけばよいでしょう。わかりやすく「我読書」を具体例とします。

原文　＝我読書
↓
訓読文　＝我読レム書ヲ
↓
書き下し文　＝我《われ》 書《しょ》を読《よ》む
→ 復文 → 原文

せっかく原文「我読書」に返り点と送り仮名を付けて訓読文「我読レム書ヲ」を作り、さらに日本語の語順に改めて書き下し文「我 書を読む」を記しておきながら、それをわざわざ原文「我読書」に復元するのですから、何やら無駄骨を折っているようにも見えるでしょう。たしかに、復文は、これ見よがしに他人の面前で実践するような作業ではありません。しかし、それだけに、陰《かげ》ながら漢文の実力を養うための重要な練習なのです。復文の技術を習得しているか否かによって、訓読の正確さが大きく左右される。復文の要領を理解していないと、自らの訓読の正誤が判別できず、誤りに気づかぬまま珍妙な訓読を連発してしまうおそれがあるのです。

無意識の復文作業

漢文と聞くだけでも気が重いのに、さらに復文なぞという耳遠い語を持ち出されると、いっそう気が滅入《めい》るという向きがあるかもしれません。しかし、それは、ことさら意識するからそう感じるだけのことで、私たち日本人は、実のところ日常生活のなかで無意識のうちに復文作業を実践しているのです。本書の説く復文は、その作業を明確に自覚し、漢文学習法の一環として理論的かつ系統的に行おうとしているにすぎません。

たとえば、履歴書に「趣味」の欄があったとします。もし「山登り」と記してはみたものの、何となく「ハイキング程度か」と侮られるような気がしたら、「登山」と書き直すのではないでしょうか。日本語では「山登り」、漢語では「登山」。我々はこうした語順変換に慣れているのです。「酒を飲む」のだから「飲酒」、「曲を作る」のだから「作曲」、「罪を犯す」から「犯罪」、「毒に中《あ》たる」から「中毒」という具合。地図を書いたとき、鉄道路線をそのまま進むと「東京に至る」となれば、路線の切れめに「至東京」と記しますし、何かの料金を大人と子どもとに分けて定めてみたものの、大学生だけは大人に含めて扱おうと思い直せば、「大学生を含む」という意味で「大人（含大学生）」と書いたりする。我々は、日本語の〈目的語＋動詞〉の語順が、漢語では〈動詞＋目的語〉の語順になることを十分に理解しているのです。

　また、「効きめが有る」となれば「有効」ですし、「風が無い」ときは「無風」でしょう。「足りない」から「不足」、「完全でない」から「不完全」と記すのも、似たような話ではありませんか。東京は上野公園にある池は、口では「忍ばずの池」と呼びながら、いざ書くとなれば「不忍池」。歯の「親知らず」は「親不知」とも記します。愛らしい紫色の花をつける「ワスレナグサ」（忘れな草）も、平気で「勿忘草」と書くでしょう。漢語では、存在に関わる「有」や「無」を上方に置き、否定を表す「不」や「勿」は否定すべき語に冠するのだと、私たちが無意識のうちに承知しているからなのです。

　書き下し文「我　書を読む」から原文「我読書」を復元する復文も、本質的にはまったく同じ作業にすぎません。もし「我　書を読まず」ならば、たぶん「我不読書」（我不レ読マレ書ヲ）になるだろうと見当がつくくらいの復文力は、誰もが識《し》らず知《し》らず身につけているわけです。

何のために復文を学ぶのか？

　復文の最大の効果は、漢文の語順に対して敏感になることです。日本語の語順に改められた書き下し文「我　書を読む」を、再び漢文すなわち古典中国語の原文「我読書」にもどすのですから、当然、日本語の語順「書を読む」を漢文の語順「読書」に組み換える語順変換作業が必要になります。それは、返り点と逆方向の作業だと言ってよいでしょう。「読レ書」の返り点

「レ」は、漢文の語順「読書」を日本語の語順「書を読む」に組み換えるための符号なのですから。

もっとも、ここで「なぁんだい、返り点と逆の作業をやるだけか。語順変換の練習にすぎないわけだ」という声が挙がるかもしれません。たしかに、語順変換の作業それ自体には、あまり新鮮味が感じられないことでしょう。けれども、すでに誰か他の訓読者が付けてくれた返り点に従って漢文を読むのと、その返り点に従って日本語の語順に改められた書き下し文の語順を自ら変換しつつ原文に復元するのとでは、まさに雲泥の差と称しても過言ではありません。なぜなら、その語順変換作業すなわち復文は、漢文が持つ文法の核心に迫る行為だからです。

どぎつく言えば、漢文の語順は文法そのものであり、漢文の文法は語順しかありません。「一に語順、二に語順、三四がなくて、五も語順」こそ漢文に臨むさいの心得なのです。もちろん、「そんなこと、日本語でも英語でも同じではないか」との声も挙がるでしょう。けれども、何かと助詞や助動詞がまとわりついてくる「膠着《こうちゃく》語」の日本語や、動詞が時制や人称で変化する「屈折《くっせつ》語」の英語とは異なり、単語が一切の語形変化を起こさず、常に一定の形を保って配置される「孤立《こりつ》語」の漢文すなわち古典中国語は、それだけ語順の占める比重が大きいのです。一つだけ例を挙げてみましょう。

〔日〕私は彼女を愛する。

〔英〕**I love her.**

〔漢〕我愛彼女（我愛二ス彼ノ女一ヲ＝我《われ》彼《か》の女《をんな》を愛《あい》す）

それぞれ主語と目的語を入れ換えるには、どうすればよいでしょうか。日本語で言えば、主体である愛する人＝「私」と、客体である愛される人＝「彼女」とを交換する、つまり「彼女」が「私」を「愛する」意味に変えるわけです。

日本語は助詞によって各語の文法上の役割が明示されますので、単に助詞の「は」と「を」を入れ換えて「私を彼女は愛する」とすればよい。何となく不自然に聞こえるようでしたら、「彼女は私を愛する」と語順を変更しても、意味に変わりは生じません。

英語では〈I〉は主格、〈her〉は目的格ですから、単に両者を交換して〈Her love I.〉とすると、まともな英文として成り立たなくなってしまいます。両者を入れ換えるには、〈her〉を主格〈she〉、〈I〉を目的格〈me〉とし、さらには動詞〈love〉に三人称・単数・現在を表す〈s〉まで添えて、〈She loves me.〉としなければならない。

では、漢文はどうでしょうか。実のところ、作業は単純そのもので、ただ「我」と「彼女」を交換し、「彼女愛我」（彼ノ女愛レス我ヲ＝彼《か》の女《をんな》我《われ》を愛《あい》す）とすればよいのです。「我」や「彼女」

に何か添えたり変形を加えたりする必要はなく、主語が「我」から「彼女」に変わったからといって「愛」が姿を変えるわけでもありません。一切の変化を生じることなく、ただ語順だけが入れ替わるのです。

一見、漢文は最も与《くみ》しやすいように見えますが、よくよく考えてみれば、これは恐ろしいことです。「我」と「彼女」が主格か目的格かを判断する手がかりは、つまり文意を正しく理解するための指標は、まさしく語順しかない。日本語と違って何の助詞もなく、英語とは異なり何らの語形変化も起こさないのですから。「我愛彼女」が「私は彼女を愛する」意になるのは、ひとえに「我愛彼女」という語順ゆえであり、「彼女愛我」が「彼女は私を愛する」意になるのも、もっぱら「彼女愛我」という語順であるからにほかなりません。

漢文にとって語順が重要だと言うのは、このような意味合いにおいてです。漢文の語順が日本語や英語に比べて極度に複雑だという話ではありません。意味を正しく理解するための手がかりが語順しかないということなのです。逆に言えば、語順に対する注意を怠ったが最後、漢文は総崩れ。どうせ見慣れた漢字なのだからと、あれこれ適当に扱《こ》き混《ま》ぜて文意を捏《こ》ね上げたりすると、訓読はでたらめをきわめ、とにかく漢字を並べさえすればよいのだろうという態度で臨んだりすれば、復文もめちゃくちゃになってしまいます。

漢文の語順に対する感覚を研《と》ぎ澄《す》ませること——これが復文という学習作業の出発点であり、

同時に到達目標なのです。

復文の効用

では、復文には、どのような効用があるのか。復文という作業を通じて漢文の語順に対して鋭敏になると、いかなる効果がもたらされるのでしょうか。差し当たり、次の三つの点で有益かと考えます。

第一に、復文の作業それ自体がなかなか面白く、漢文の学習が楽しめるようになるでしょう。「Ⅱ　基礎篇」以下で問題に取り組んでみれば実感できると思いますが、復文はほとんどパズル感覚で楽しめる作業です。どの字をどこに置けば辻褄《つじつま》が合うのか――そうした試行錯誤を試みながら、しだいに原文を組み上げてゆく楽しさこそが、復文の醍醐味《だいごみ》にほかなりません。漢文の学習は、とかく消極的な態度に陥りやすい。返り点に従って語句を上下に追い、送り仮名に合わせて漢字を読みつつ文意を考えるだけでは、自ら手を動かす場面がほとんどありませんし、漢和辞典なぞ面倒臭くて調べる気も起こらないでしょう。けれども、復文の練習は、取り敢えず自分の手を動かして書いてみなければ始まりませんので、どうしてもそれなりの積極性が要求され、能動的に取り組まざるを得ないのです。誤解を恐れずに言えば、いったん復文の技術を身につけておくと、単なる知的遊戯としても、なかなか楽しめるものと思います。

第二は、返り点の意味が十全に理解できるようになることです。なぜ語順を引っ繰り返さなければいけないのか、返り点を見ているだけでは容易に納得できないことも多いでしょう。なかには、返り点を、原文に湧いた目障りな虫ケラとしか感じられない向きすらあるようです。しかし、復文を実践してみれば、前述のとおり返り点とは逆方向の語順変換を行うのですから、なぜここに返り点が付き、どうしてそこに返り点を打たないのか、裏から十分に理解が行き届くようになり、返り点そのものがくっきり目に映ってくるに違いありません。こうなればしめたもの、漢文の実力が倍増したことは請け合《うけあ》いです。いわば返り点という存在の裏打ち作業として、復文練習は大いに役立つことでしょう。

第三は、自らの訓読について、文法上の正誤が判定できるようになることです。返り点付きの漢文を読んでいると、「そこではなく、ここに返り点を打って訓読してもよいのではないか」と感じることがあるでしょう。もちろん、たまたま白文を読むとなれば、どこに返り点を加えればよいのか、すべて自分の頭で考えねばなりません。そのようなとき、最も不安なのは「この読み方で正しいのだろうか？」という疑問のはずです。こうした事態に対処すべく、絶大な威力を発揮するのが復文にほかなりません。復文の技術を習得しておけば、文法違反の訓読は確実に防ぐことができるのです。これについては、一定量の知識が必要ですから、復文作業に慣れ親しんだ段階で説明することにしましょう。本書「V　応用篇」の「訓読の検証法として」

がそれに当たります。

右の三つは、復文が持つ当面の効用、すなわち短期的な有用性にすぎません。中期的には、訓読という方法そのものに習熟してゆく効用がある。長期的には、往時と同じく、漢文を自ら綴ることに資するだけの有効性も備えている。ただし、もはや漢文を書く必要がなくなった現在、取り敢えずは右の三項が果たされれば十分だと言えるでしょう。この三つだけでも、良いことづくめではないでしょうか。

漢文の語順

ここで、復文作業の前提として、我々が書き下し文から復元すべき漢文の原文がどのような語順になるのか、その基本構造を調べておきましょう。いざ復文に臨んでも、復元する漢文の語順を知らなければ、そもそも作業の進めようがないからです。ただし、漢文の基本構造を並べ立てるだけでは、単なる漢文法の学習に陥りかねません。我々の目的が復文にある以上、漢文の語順と書き下し文の語順との相違に着目しつつ、あくまで復文作業の視点から実践的な説明・注意を加えてゆきましょう。訓読文に付いている返り点を横目でにらみつつ、原文を復元するのに必要な書き下し文の語順変換が返り点による語順変換と逆方向の作業であることを確認してください。

以下、基本文型と語間連結構造とに分けて説明します。

A　基本文型

漢文の基本文型は、おおむね英語の五文型に同じと考えて差し支えありません。細かく観れば、英語には見当たらない漢文特有の構文もあり、例外と呼べる構文もさまざまに存在します。けれども、差し当たり定型外の構文を気に病む必要はない。原則を知らなければ、例外だということすらわからないのですから。

以下、英語の五文型に則して説明を加えてゆきましょう。略号は、英語の場合とほぼ同じです。不安を感じるときは「文法用語　略号」（→p. 14）を参照してください。漢文の文型を説明するとき、往々にして補語Cを英語の補語Cとは異なる意味合いで使うことがありますが、要《い》らざる混乱を招きかねませんので、本書では英語の補語Cとまったく同じ意味で補語Cを用います。

五文型それぞれの主語Sを括弧《かっこ》に入れて「(S)」と記してあるのは、しばしば主語が省略されることを示します。「英語と大違いではないか！」と言うなかれ。「文脈から自明の主語を省く点は、日本語と同じである」と考えれば、かえって気楽なものでしょう。主語Sに下接する語句は、全体として述部Pを形成しますが、これは常識の範囲内でしょうから、取り立てて述部Ｐは示しません。

便宜上、例文に通し番号を付けてゆきます。例文の後方にある記号は、「＊」が語法その他についての解説、「◎」が復文に関する説明・注意などを示します。

1　第一文型＝（S）V

01 孔子《S》病《V》（孔子病ム）　○孔子＝人名。

＝孔子《こうし》病《や》む。

◎書き下し文の語順を変換する必要はありません。

02 舟《S》已《adv》行《V》矣《part》（舟已ニ行ケリ矣《φ》）

＝舟《ふね》已《すで》に行《ゆ》けり。

＊「已～矣」は、動作の完了を表します。

◎副詞「已」をも含め、書き下し文の語順を変換する必要はありません。置き字「矣」については、「II　基礎篇」で不安を解消しますので、御心配なく。以下、置き字に関しては、すべて同様です。

第一文型＝（S）Vにおいて、復文のさいに主語と動詞を入れ換える必要はありません。

2　第二文型＝（S）VC

03 子游 為 武城宰　（子游為ニル武城ノ宰一ト）　○子游＝人名。　○武城＝地名。

＝子游《しいう》 武城《ぶじやう》 の宰《さい》と為《な》る。

◎書き下し文の語順を変換する必要があるのは、動詞と補語、すなわち「武城の宰と為る」→「為 武城宰」の部分です。

04 常 為 名大夫　（常ニ為ニリ名大夫一）

＝常《つね》に名大夫《めいたいふ》たり。

＊この「為」は繋辞《けいじ》 **copula** ですが、本書では連結動詞 **linking verb** つまり動詞の一種として扱います。

◎書き下し文の語順を変換する必要があるのは、動詞と補語、すなわち「名大夫 たり」→「為 名大夫」の部分です。仮名書きの「たり」を漢字「為」に改める作業については、「Ⅱ　基礎篇」で説明します。以下、仮名書きの語を漢字に復元する作業に関しては、すべて同じです。

05 余 是 所嫁婦人之父 也　（余ハ是レ所レノ嫁ガシメシ婦人之父也）

＝余《われ》は是《こ》れ嫁《とつ》がしめし所《ところ》の婦人《ふじん》の父《ちち》なり。

＊「是」も繋辞《けいじ》 **copula** ですが、右の04に同じく、本書では連結動詞 linking verb として扱います。

◎構文要素と文末助詞について、書き下し文の語順を変換する必要はありません。補語「所嫁婦人之父」の内部構造に関しては、「Ⅲ　修練篇」で練習します。

右でわかるように、連結動詞「是」を用いる場合を除けば、一般に第二文型＝（S）VCでは、復文にさいして動詞と補語の語順を入れ換える必要が生じます。これを〔V／C〕**変換**と名づけておきましょう。

第二文型について注意すべきは、漢文では第二文型＝（S）VCのVを省略した（S）Cも多用されるということです。英語ではVの省略が許されず、少なくとも〈be〉動詞を用いてSとCをつなぐ必要がありますが、漢文ではVを省くことが可能で、実際、（S）VCよりも、むしろ（S）Cのほうが出現頻度は高いと考えてよいでしょう。ただし、補語Cに名詞Nも形容詞Aも用いられる点は、英語と変わりません。左に（S）Cの例を挙げておきます。

2′　第二文型〔変形〕＝（S）C

06 此人 S　力士 C　（此ノ人力士ナリ）

＝此《こ》の人《ひと》力士《りきし》なり。

＊補語「力士」は名詞です。

◎書き下し文の語順を変換する必要はありません。

07 此(S) 君之妻(C) 也(part)　（此レ君之妻也）

＝此《こ》れ君《きみ》の妻《つま》なり。

＊補語「君之妻」は名詞です。

◎書き下し文の語順を変換する必要はありません。右の06も本例も書き下し文に「なり」が見えながら、原文では「也」字の有無に相違がありますが、これに関する不安は「Ⅱ　基礎篇」で解消しますので、心配無用です。

08 月(S) 明(C) 星(S) 稀(C)　（月明ラカニ星稀ナリ）

＝月《つき》明《あき》らかに星《ほし》稀《まれ》なり。

＊補語「明・稀」は、漢文としては形容詞です。

◎書き下し文の語順を変換する必要はありません。

09 奇(C) 也(part)、命(C) 也(part)　（奇也、命也）

＝奇《き》なり、命《めい》なり。

＊補語「奇」は漢文としては形容詞、「命」は名詞です。

◎書き下し文の語順を変換する必要はありません。

第二文型〔変形〕＝（S）Cにおいて、復文のさいに主語と補語を入れ換える必要はありません。

3　第三文型＝（S）VO

10 斉^{S}攻^{V}魯^{O}　（斉攻レ魯ヲ）　○斉・魯＝国名。

＝斉《せい》魯《ろ》を攻《せ》む。

◎書き下し文の語順を変換する必要があるのは、動詞と目的語、すなわち「魯を攻む」→「攻^{V}魯^{O}」の部分です。

11 知者^{S}楽^{V}水^{O}、仁者^{S}楽^{V}山^{O}　（知者ハ楽レシミ水ヲ、仁者ハ楽レシム山ヲ）

＝知者《ちしや》は水《みづ》を楽《たの》しみ、仁者《じんしや》は山《やま》を楽《たの》しむ。

◎書き下し文の語順を変換する必要があるのは、それぞれの動詞と目的語、すなわち「水を楽しみ」→「楽^{V}水^{O}」、「山を楽しむ」→「楽^{V}山^{O}」の部分です。

12 温^{V}故^{O}而^{conj}知^{V}新^{O}　（温レメテ故キヲ而$^{\phi}$知レル新シキヲ）

＝故《ふる》きを温《あたた》めて新《あたら》しきを知《し》る。

＊置き字「而」は、英語〈and〉に相当する接続詞です。置き字として読まずにすませる代わりに、直前に接続助詞「て」を補って訓読し、その「て」に「而」の接続機能を反映させる習慣ですので、「温めて」の「て」は省けません。この「而」については「Ⅲ　修練篇」で練習します。

◎書き下し文の語順を変換する必要があるのは、それぞれの動詞と目的語、すなわち「故きを温め」→「温(V)故(O)」、「新しきを知る」→「知(V)新(O)」の部分です。

右から明らかなように、第三文型＝（S）VOでは、復文にさいして動詞と目的語の語順を入れ換える必要があります。これを〔V／O〕**変換**と呼んでおきましょう。

なお、漢文では一般に自動詞と他動詞の区別が明確でないため、同一の動詞がまったく同じ意味でありながら、異なる文型を構成する場合もあります。

13

学(V)於(Q)文（学二ブ於φ文一ヲ）＝文《ぶん》を学《まな》ぶ。→第一文型＝（S）V

＊置き字「於」は、動作の直接的な対象を表す前置詞です。間接的な対象を表す前置詞と解して「学二ブ於φ文一ニ」（文《ぶん》に学《まな》ぶ）と訓読することもあります。

学(V)文(O)（学レブ文ヲ）＝文《ぶん》を学《まな》ぶ。→第三文型＝（S）VO

4　第四文型＝（S）V IO DO　＊〈IO DO〉は二重目的語。

14 漢遺単于書　（漢遺二ル単于ニ書ヲ一）　○漢＝国名。　○単于＝騎馬民族匈奴《きょうど》の王。

＝漢《かん》単于《ぜんう》に書《しょ》を遺《おく》る。

◎書き下し文の語順を変換する必要があるのは、動詞と二重目的語、すなわち「単于に書を遺る」→「遺単于書」の部分です。注意すべきは、二重目的語つまり〈間接目的語＋直接目的語〉の順序は入れ換える必要がないという点です。この一文を「漢遺二ル単于一ニ書ヲ」（漢《かん》書《しょ》を単于《ぜんう》に遺《おく》る）と訓読することはありません。二重目的語は、書き下し文の語順のままに並べておけばよいのです。

15 趙亦終不予秦璧　（趙モ亦タ終ニ不レ予ヘ二秦ニ璧ヲ一）　○趙・秦＝国名。

＝趙《てう》も亦《ま》た終《つひ》に秦《しん》に璧《へき》を予《あた》へず。

＊「不」は、否定を表す副詞です。日本語としては打消の助動詞「ず」を当てて訓読しますが、漢文としてはあくまで副詞であり、助動詞ではありません。

◎書き下し文の語順を変換する必要があるのは、動詞と二重目的語、すなわち「秦に璧を予へ」→「予秦璧」の部分ですが、動詞の否定についても「予へず」→「不予」の語順変換が必要になります。やはり注意すべきは、二重目的語つまり〈間接目的語

＋直接目的語〉の順序は入れ換える必要がないという点です。この一文を「趙モ亦タ終ニ不レ予ヘ秦ニ璧ヲ」（趙《てう》も亦《ま》た終《つひ》に璧《へき》を秦《しん》に予《あた》へず）と訓読することはありません。右の14に同じく、二重目的語は、書き下し文の語順そのままに並べておけばよいのです。

また、動詞を否定する副詞「不」については語順を入れ換える必要が生じますが、その他の副詞は、書き下し文「亦た終に」の語順どおり「亦 終」（adv adv）と記すだけです。

16 賜 汝 万銭（V IO DO）　（賜二ハン汝ニ万銭一ヲ）

＝汝《なんぢ》に万銭《ばんせん》を賜《たま》はん。

◎書き下し文の語順を変換する必要があるのは、動詞と二重目的語、すなわち一文の全体「汝に万銭を賜はん」→「賜 汝 万銭」（V IO DO）です。ここでも注意したいのは、二重目的語つまり〈間接目的語＋直接目的語〉の順序は入れ換える必要がないという点です。この一文を「賜レハン汝二ニ万銭一ヲ」（万銭《ばんせん》を汝《なんぢ》に賜《たま》はん）と訓読することはありません。二重目的語は、あくまで書き下し文の語順どおりに並べておけばよいのです。

右でわかるように、第四文型＝（S）V IO DOでは、復文にさいして動詞と二重目的語の語順を入れ換える必要があります。これを簡略に〔V／(OO)〕**変換**と名づけておきましょう。二重目的語に付けた括弧「( )」は、二つの目的語を一括りとして扱い、間接目的語と直接目的語の語順を入れ換える必要がないことを示します。

なお、二重目的語の順序を入れ換えると、第三文型＝（S）VOに変化し、もとIOであった名詞に多くは前置詞「於」が付いて後位副詞句（後述）を成す点でも、英語の授与動詞〈give〉などを用いた第四文型→第三文型の変化と同様の現象が起こります。

・遺ル二単于ニ書ヲ一　→遺ル二書ヲ於《φ》単于ニ一（書《しょ》を単于《ぜんう》に遺《おく》る）

・不レ予ヘ二秦ニ璧ヲ一　→不レ予ヘ二璧ヲ於《φ》秦ニ一（璧《へき》を秦《しん》に予《あた》へず）

・賜ハン二汝ニ万銭ヲ一　→賜ハン二万銭ヲ於《φ》汝ニ一（万銭《ばんせん》を汝《なんぢ》に賜《たま》はん）

cf. John gave her the bag. → John gave the bag *to* her.　○to ≒於

5　**第五文型＝（S）VOC**

17 楚人《S》謂《V》乳《O》穀《C》、謂《V》虎《O》於菟《C》（楚人謂ヒ二乳ヲ穀ト一、謂フ二虎ヲ於菟ト一）　○楚＝国名。　○穀＝轂《こう》。

＝楚人《そひと》乳《ちち》を穀《こう》と謂《い》ひ、虎《とら》を於菟《をと》と謂《い》ふ。

＊この「謂」は、英語〈call〉が第五文型〈We call him Bill.〉を作るのと同じ用法です。

◎書き下し文の語順を変換する必要があるのは、それぞれの動詞と〈目的語＋補語〉、すなわち「乳を穀と謂ひ」→「謂乳穀」、「虎を於菟と謂ふ」→「謂虎於菟」の部分です。注意すべきは、第四文型における二重目的語と同じように、〈目的語＋補語〉の順序それ自体は入れ換える必要がないという点です。この一文を「楚人謂ヒレ乳ヲレ穀ト、謂フレ虎ヲ二於菟ト一」（楚人《そひと》 穀《こう》と乳《ちち》を謂《い》ひ、 於菟《をと》と虎《とら》を謂《い》ふ）と訓読することはありません。〈目的語＋補語〉は、書き下し文の語順どおりに並べておけばよいのです。

18 宋使人往之　（宋使ム二人ヲシテ往カレ之ニ）　○宋＝国名。
＝宋《そう》 人《ひと》をして之《これ》に往《ゆ》かしむ。

＊使役動詞「使」を用いた使役構文ですが、英語の使役構文〈I made him go there.〉と同一の構造ですから、特に難しい点はありません。補語の内部は「往之」という構造で、動詞「往」の主語は一文全体の目的語「人」、つまり〈目的語＋補語〉の部分は「人往之」と分析できます。これも、右の英文で動詞〈go〉の動作主が〈him〉であるのと同様です。

◎書き下し文の語順を変換する必要があるのは、動詞と〈目的語＋補語〉、すなわち「人をして之に往かしむ」→「使人往之」の部分です。やはり〈目的語＋補語〉そのものの語順を変更する必要はありません。ただし、補語の内部についても、動詞と目的語、つまり「之に往（く）」→「往之」の語順変換が必要になります。

右から了解できるように、第五文型＝（S）VOCでは、復文にさいして動詞と〈目的語＋補語〉の語順を入れ換える必要があります。これを〔V／(OC)〕**変換**と呼んでおきましょう。〈目的語＋補語〉に付けた括弧「( )」は、二つの要素を一括りに扱い、目的語と補語の語順を入れ換える必要がないことを示します。

漢文の第五文型は、右の二種すなわち17「謂」を用いた構文および18使役構文に限られるものと考えて間違いありません。使役構文については、改めて「Ⅲ　修練篇」で練習します。ちなみに、知覚動詞を用いた構文は、第三文型とも第五文型とも解せる場合があるのが実情です。英語であれば、同じく知覚動詞〈see〉を使っていても、〈**I saw that two logs were floating on the river.**〉が第三文型、〈**I saw two logs floating on the river.**〉が第五文型であることに疑問の余地はありません。けれども、漢文は、漢字という文字の性質上、単語の品詞が明確でないため、どちらにも分類できてしまうのです。いずれにせよ、訓読文に異同はなく、したがって書き下し文もまったく同じになります。

19見二蛟浮於水上　（見ル三二蛟ノ浮カブヲ二於水上ニ一）　○蛟《みづち》＝龍の一種。
＝二蛟《にかう》の水上《すいじやう》に浮《う》かぶを見《み》る。

見^{V} 二蛟^{O} 浮於水上　→第三文型　＊目的語の内部は、二蛟^{S} 浮^{V} 於水上^{Q} となります。

見^{V} 二蛟^{O} 浮於水上^{C}　→第五文型　＊補語の内部は、浮^{V} 於水上^{Q} となります。動詞「浮」の動作主は、目的語「二蛟」です。

以上で、漢文にも英語の五文型がそのまま当てはまることを理解してもらえたことでしょう。要するに、復文にさいしては、英語と同じ文型感覚で文章を構成するのが基本です。

肝腎なのは、英語において第三文型＝ＳＶＯが中心になるのと同じく、漢文についても第三文型＝（Ｓ）ＶＯが中核を成すということです。第一文型＝（Ｓ）Ｖも第二文型＝（Ｓ）ＶＣも、さして難しくありません。第二文型〔変形〕＝（Ｓ）Ｃは、日本人にとって、かえって容易と言ってもよいくらいでしょう。第四文型＝（Ｓ）ＶIODOは第三文型のＯが二つ重なっただけですし、第五文型＝（Ｓ）ＶＯＣも第三文型にＣが付け加わったにすぎません。何を措《お》いても、第三文型＝（Ｓ）ＶＯを念頭に置いておくことです。この構文の大原則を《**構文原則**》と呼んでおきましょう。そして、第三文型＝（Ｓ）ＶＯが中心となる以上、復文における語順の入れ換えで最も重要なのも、当然**〔Ｖ／Ｏ〕変換**ということになります。

基本文型以外1　英語との類似

基本的な文型以外でも、何かと英語の構文との類似が目立つことを言い添えておきましょう。二つの例を挙げてみます。英語の試訳を添えますので、漢文と英文の語順を見比べてください。

一つめは、禁止命令文です。

20 勿カレ憚ルコト改ムルニ　＝改《あらた》むるに憚《はばか》ること勿《な》かれ。

＝ Do not《勿》 fear《憚》 to mend《改》 your ways.

英語が文頭に禁止命令〈Do not〉を置くのと同じく、漢文も文頭に禁止命令を表す「勿」を冠するのです。英語では、動詞〈mend〉に目的語〈your ways〉を付け、意味を明確にしています。

二つめは、感嘆文です。

21 善キ哉問也　＝善《よ》きかな問《とひ》や。

＝ How good《善》 your《哉》 question《問》 is《也》!

さすがにすべての語順が同じとはゆきません。英語では感嘆詞〈How〉が形容詞〈good〉に先行するのに対し、漢文では感嘆詞「哉」が形容詞「善」の後方に位置しています。便宜上〈is〉に「也」を当ててはみたものの、両者の機能が同じかどうか、多分に疑問が残ります。しかし、形容詞をできるだけ文頭に提示し、それに感嘆詞を添えるという点では、漢文と英語が類似した構造を持っていると言って差し支えないでしょう。左のごとく、平叙文における強調の副詞を感嘆詞に置き換え（「甚」→「哉」／〈very〉→〈How〉）、前後の語順を転倒させれば感嘆文ができあがる過程も似ています。

・問也甚ダ善シ　＝問《とひ》や甚だ善し。　→善キ哉問也　＝善《よ》きかな問《とひ》や。
・Your question is very good.　→How good your question is!

漢文と英文の構造を安易に同一視するのは危険です。けれども、復文にさいして、どう語順を組み上げるのかわからないときに、「英語で書いたら、どうなるのか？」と考えるのは、なかなか有効な方法だと言ってよいでしょう。これを**《英語相似律》**と名づけておきます。漢文と英文との類似については、「Ⅱ　基礎篇」以下でも、時おり指摘してゆくこととなります。

基本文型以外2　日本語との類似

ただし、漢文の構造には、日本語との類似点も存在することを忘れてはなりません。五文型について指摘した主語の省略が可能な点もその一つですが、ここでは、漢文の文末助詞が日本語と似ていることを確認しておきましょう。すでに例文05・07・09に見られた「也《なり》」をも含めて例を掲げてみます。

22 是レ礼也　＝是《こ》れ礼《れい》なり。

23 君子モ亦タ有ル レ窮スルコト 乎　＝君子《くんし》も亦《ま》た窮《きゅう》すること有《あ》るか。

右は平叙文と疑問文ですが、「也」と「なり」、「乎」と「か」が、それぞれ互いに文末に位置している点は同じです。このような文末助詞が占める語位に関するかぎり、漢文の語順は日本語によく似ているのです。たしかに漢文は「孤立語」なのですが、文末助詞には日本語と同じような「膠着語」の性質が見られると考えてよいでしょう。

さらに言い添えれば、漢文には次のような文章構造も現れます。

24 孔子 長 C 九尺有六寸　（孔子長九尺有六寸ナリ）　〇孔子＝人名。

＝孔子《こうし》 長《たけ》 九尺有六寸《きゅうしゃくいうろくすん》なり。

＊「有」は、＋《プラス》の意。孔子が在世していた周代の度量衡制度では、一尺＝十寸＝22.5 cmですから、「九尺有六寸」＝216 cmとなり、多分に誇張があるにせよ、孔子が非常に背の高い人物であったことがわかります。

文意は、たやすく理解できます。文型も、第二文型〔変形〕＝ＳＣとしか思えません。けれども、文頭の主部に並ぶ二つの名詞「孔子 長」は、文中でどのような機能を果たしているのでしょうか。「孔子」を主語と考えると、「長」は名詞を転用した副詞として扱うしかなくなり、「長《トシテ》」（長《たけ》として）の送り仮名を省略したものかとも思われますが、何やらしっくりしません。「長」が主語だとすると、今度は「孔子」が文型から食《は》み出《だ》し、落ち着きどころがなくなってしまいそうです。

ここで想い起こしてほしいのは、日本語の〈ハ－ガ〉文、つまり例の「象は鼻が長い」で有名な文章構造です。この助詞「は」と「が」、特に「は」の機能をどう捉えるかは、日本語文法の一大問題としてさまざまな議論が交わされてきました。ただし、今は日本語文法の問題には深入りしません。「象は」を一文全体の話題を表す主題提示語句、「鼻が」を主語と考えるだけですませておきます。

肝腎なのは、右の「孔子 長」に日本語の〈ハ－ガ〉文を当てはめて、「孔子は長が九尺有六寸（にも及ぶほどの長身）であった」と理解すると、何ら抵抗なく文意が汲み取れるという事実です。二つの名詞「孔子 長」が「孔子は長が」と完全に一致する語感なのかどうかは議論の余地がありますが、便宜上、日本語の〈ハ－ガ〉文に同じと見なしておけば、解釈しやすいことはたしかでしょう。

むろん、のっけから助詞「の」を補読して「孔子 長」を一つの名詞に仕立て、「孔子ノ長 九尺有六寸ナリ」（孔子《こうし》の長《たけ》九尺有六寸《きゅうしゃくゆうろくすん》なり）と訓読することも可能です。しかし、名詞と名詞のあいだに何らかの語句が挿入されると、助詞「の」によって二つの名詞を一つにまとめてしまう手は利きません。

25 江東 雖[conj] 小[C]、地 方千里[C]、衆 数十万人[C]、亦[adv] 足[C] 王 也[part]（江東雖レモ小ナリト、地方千里、衆数十万人、亦タ足ルレ王タルニ也）　○江東＝長江下流の東側の土地。

＝江東《かうとう》小《せう》なりと雖《いへど》も、地《ち》方千里《はうせんり》、衆《しゆう》数十万人《すうじふまんにん》、亦《ま》た王《わう》たるに足《た》るなり。

「江東」の直下に譲歩節「雖レ小」が挿入されているため、「江東」と「地」や「衆」を助詞「の」でつなぐことは不可能です。けれども、「長江下流の東方は、たしかに狭いとはいえ、面積が千里四方に及び、人口が数十万に達しており、やはり王となるにふさわしい土地でございます」と〈ハ－ガ〉文を当てはめてみれば、これまた文意が容易に理解できるでしょう。大まかには〈「江東」は…「地」が…「衆」が…〉という語気文勢に近いものと見なして差し支えありますまい。漢文には、日本語の〈ハ－ガ〉文に近似する発想も認められるのです。

　漢文の語順は、その多くが英語と類似する。ただし、時に文末助詞の語位が日本語と一致したり、主部に位置する二つの名詞が日本語の〈ハ－ガ〉文に似た発想を示したりすることもある——これを**《日本語相似律》**と呼んでおきます。

B　語間連結構造

　次に、文型の知識だけでは把握しきれない語と語の連結構造を説明しましょう。細かい問題はいろいろありますが、最も重要なのは修飾構造と並列構造です。この二つさえ心得ておけば、復文で悩む場面が大幅に減少するに違いありません。まずは処理の容易な並列構造を、次いで何かと注意点の多い修飾構造を取り上げることにします。

1　並列構造

　並列構造は、さして難しくありません。「直接並列」すなわち接続詞を用いずに複数の語句をそのまま並べる場合と、「間接並列」すなわち接続詞を用いて複数の語句を並べる場合とに分けられます。

ア　直接並列

日本語でも直接並列構造の漢語を常用しているので、何も抵抗はないでしょう。

・左右　・善悪　・大中小　・雪月花　・東西南北　・春夏秋冬

直接並列構造の語句は、そのまま修飾構造になるときもあります。どちらの構造なのかは、文脈によって判断するしかありません。

青緑〔直接並列構造〕＝青色と緑色
青緑〔修飾構造〕＝青みがかった緑色

いずれにせよ、直接並列構造について、復文で語順を入れ換える必要は生じません。

イ　間接並列

接続詞（与・而・且・及・或・若など）を用いて、複数の語句を並べます。「与・而・且・及」は英語の〈(both)…and…〉に、「或・若」は英語の〈(either)…or…〉に相当します。

26陰与陽　（陰ト与《と》レ陽）＝陰《いん》と陽《やう》と
27柔而弱　（柔ニシテ而《ゅ》弱ナリ）＝柔《じう》にして弱《じやく》なり
28貧且賤　（貧シク且ツ賤シ）＝貧《まづ》しく且《か》つ賤《いや》し
29賓客及子弟　（賓客及ビ子弟）＝賓客及《ひんかくおよ》び子弟《してい》
30或遅或疾　（或イハ遅ク或イハ疾シ）＝或《ある》いは遅《おそ》く或《ある》いは疾《はや》し
31木若泥　（木若シクハ泥）＝木《き》若《も》しくは泥《どろ》

右のうち、復文にさいして一瞬まごつく可能性があるのは、返り点が現れる26「与」の並列構造だけでしょう。助詞「と」を二つ用いて訓読しますが、接続詞「与」は一つしかありません。二つの「と」に惑わされないよう、一般形を用いて注意点をまとめておきます。

＊一般形　X与Y（Xト与《と》レY）＝XとYと

〔訓読〕ⅰ二つの並列要素X・Yそれぞれに助詞「と」を付ける。

ⅱ一つめの「と」はXの送り仮名とし、二つめの「と」はYから返って接続詞「与」そのものの読みとする。

〔復文〕ⅰ他の接続詞と同じく、二つの並列要素X・Yのあいだに「与」を記す。

ⅱその「与」は、二つめの「と」つまり「Yと」の「と」を漢字に改めたものであり、一つめの「と」つまり「Xと」の「と」ではない。

右の「与」に関する注意点さえ心得ておけば、間接並列構造の復文にも難点は存在しません。「与」をも含めて、二つの並列要素のあいだに接続詞を置くのが原則です。30のみ接続詞「或」が二つ繰り返されてはいるものの、やはり書き下し文の語順のままに漢字を並べるだけで、語順を変換する必要はありません。

「与」については、もう一つ補足すべきことがありますが、それは後述することにしましょう。

2　修飾構造

修飾構造は〈修飾語＋被修飾語〉、すなわち修飾語が上から下へと被修飾語に掛かるのが原則です。これは漢文の著しい特徴たる**《修飾原則》**ですので、しっかり肝に銘じてください。そして、被修飾語が、名詞なのか、それ以外の要素なのかによって、修飾構造は二種に分かつことができます。前者を「形容詞的修飾構造」、後者を「副詞的修飾構造」と名づけておきましょう。

大ざっぱには、日本語の修飾構造を援用して、形容詞的修飾構造を「連体修飾」、副詞的修飾構造を「連用修飾」と考えてもよいのですが、漢文の語句は一切の語形変化を起こさない、つまり活用を持たないので、用言すなわち活用する自立語という概念を持ち出して「連用修飾」と呼ぶと、誤解を招くおそれがあります。簡明で馴染み深い「連体修飾」「連用修飾」という分類を捨てるのは惜しい気もするのですが、ここでは慎重を期しておきましょう。

ア　形容詞的修飾構造

修飾語が形容詞・名詞・動詞、被修飾語が名詞となる修飾構造です。

a 形容詞＋名詞
32 善人（善キ人）＝善《よ》き人《ひと》
33 白馬（白キ馬）＝白《しろ》き馬《うま》

b 名詞＋名詞
34 山頂（山ノ頂）＝山《やま》の頂《いただき》

c動詞＋名詞

35獣心（獣ノゴトキ心）＝獣《けだもの》のごとき心《こころ》

36流水（流ルル水）＝流《なが》るる水《みづ》

37往時（往キシ時）＝往《ゆ》きし時《とき》

復文は、容易そのもの。語順の変換は必要ありません。

左のように、形容詞句も、形容詞と同じく名詞を修飾する機能を持ちます。ただし、形容詞句の復元は最も難しい復文作業に属しますので、詳しい説明は「Ⅳ　発展篇」に譲ります。

d形容詞句＋名詞

38 AJG 苗而不秀　N 者（苗ニシテ而φ不ルレ秀デ者）＝苗《なへ》にして秀《ひい》でざる者《もの》

39 AJG 好徳如好色　N 者（好ムコトレ徳ヲ如クスルレ好ムガレ色ヲ者）＝徳《とく》を好《この》むこと色《いろ》を好《この》むが如《ごと》くする者《もの》

ここで一つ付け加えておきたいのは、主として右のb〈名詞＋名詞〉・d〈形容詞句＋名詞〉において、修飾語（名詞・形容詞句）と被修飾語（名詞）とのあいだに「之《の》」が割り込む場合があるということです。

・名詞＋「之」＋名詞　　40当世之民　（当世之《の》民）＝当世《たうせい》の民《たみ》
・形容詞句＋「之」＋名詞　41不忍人之心　（不ㇾル忍ㇾビ人ニ之《の》心）＝人《ひと》に忍《しの》びざるの心《こころ》

40「当世之《の》民」は、すんなり耳に入ってくるでしょう。それに対して、41「不ㇾル忍ㇾビ人ニ之《の》心」は、日本語の語感に抵抗をもたらす響きです。この「不ル」（ざる）は連体形であり、そもそも連体形は「体言（＝名詞）に連なる形」なのですから、直接に名詞「心」と結びついて「人《ひと》に忍《しの》びざる心《こころ》」となるはず。不要な「の」の割り込みは、いかにも耳障《みみざわ》りでしょう。日本人ならば、誰もが「人を愛する心」と言い、「人を愛するの心」とは言わないので。けれども、漢文では、現に「之」字が存在する以上、置き字扱いすることなく、機械的に「之《の》」と訓読するのが通例のため、勢い「人に忍びざるの心」と読まざるを得ません。日本語としては不自然でも、訓読としては常用される言い回しなのです。

ともあれ、今は、右のように「之《の》」が修飾語と被修飾語のあいだに介入する場合があるという事実を認識しておいてください。これを**《「之」介入現象》**と名づけておきましょう。復文では、たとえば書き下し文「人《ひと》の心《こころ》」に見える助詞「の」が、送り仮名の「の」として「人ノ心」になるのか、それとも漢字「之」の読みとして「人之《の》心」になるのか、自ら判断せねばならぬ場面に見舞われることになります。

ただし、右を逆に言えば、形容詞的修飾構造においては、「之」が介入する場合を除き、修飾語（形容詞など）と被修飾語（名詞）は直接に結びつくということにほかなりません。修飾語と被修飾語の距離をmと置けば、あくまでm＝0が原則。例外的にm≠0ならば、必ずm＝1すなわち「之」となるわけです。

イ　副詞的修飾構造

修飾語が副詞、被修飾語が名詞以外の要素、すなわち動詞・形容詞・副詞・文となる修飾構造です。

a 副詞＋動詞

42 大喜　（大イニ喜ブ）　＝大《おほ》いに喜《よろこ》ぶ。

43 悠然去　（悠然トシテ去ル）　＝悠然《いうぜん》として去《さ》る。

b 副詞＋形容詞

44 甚衆　（甚ダ衆シ）　＝甚《はなは》だ衆《おほ》し。

45 極狭　（極メテ狭シ）　＝極《きは》めて狭《せま》し。

c 副詞＋副詞

46 不必有徳　（不二必ズシモ有ラ一レ徳）　＝必《かなら》ずしも徳《とく》有《あ》らず。

＊否定の副詞「不」が副詞「必」を修飾しています。

d副詞＋文

47不幸、短命死矣　（不幸、短命ニシテ死セリ矣）　＝不《ふ》幸《かう》、短命《たんめい》にして死《し》せり。

＊副詞「不幸」が下文「短命死矣」全体を修飾しています。英語の文修飾副詞〈**regrettably, unfortunately, unhappily**〉などに相当すると考えてください。置き字「矣」は、完了を表します。

次のように、前位副詞句（後述）も、副詞と同じく動詞などを修飾する機能を持ちます。前《さき》に言及した形容詞句ほど複雑ではありませんが、〈前置詞＋名詞〉という構造になります。

48朋 自遠方(M) 来(V)　（朋自二リ遠方一来タル）　＝朋《とも》遠方《ゑんぱう》より来《き》たる。

＊「自」は、英語の〈**from**〉に相当する前置詞で、「自《よ》リ」と読みます。

◎書き下し文の語順を変換する必要があるのは、前位副詞句の内部の前置詞と名詞、すなわち「遠方より」→「自(prep) 遠方(N)」の部分です。

49女 為悦己者(M) 容(V)　（女ハ為二悦ブレ己ヲ者ノ一容ヅクル）　＝女《をんな》は己《おのれ》を悦《よろこ》ぶ者《もの》の為《ため》に容《かたち》づくる。

＊「為」は、英語の〈for, for the sake of〉に相当する前置詞です。

◎書き下し文の語順を変換する必要があるのは、動詞と目的語、すなわち「己を悦ぶ」→「悦《V》己《O》」の部分です。前位副詞句の内部でも、前置詞と名詞、すなわち「己を悦ぶ者の為に」→「為《prep》悦己者《N》」の語順変換が必要となります。

名詞がそのまま副詞に転用されて動詞を修飾する場合もありますので、ちょっと注意しておきましょう。名詞に付いている特徴的な送り仮名から、名詞が副詞に転用された表現だとわかります。一瞥してわかるように、50「目礼《もくれい》す」・52「師事《しじ》す」・53「客死《かくし》す」・54「蛇行《だこう》す」・55「雲散霧消す」のごとく、ほとんどが音読みサ変動詞として訓読することの多い語句ですので、過度に懸念するには及びません。

p名詞→副詞〔手段・素材〕　＊名詞に送り仮名「もて」が付く。

50目礼　（目モテ礼ス）　＝目《め》もて礼《れい》す。

51土造　（土モテ造ル）　＝土《つち》もて造《つく》る。

q名詞→副詞〔身分・資格〕　＊名詞に送り仮名「として」が付く。

52師事　（師トシテ事フ）　＝師《し》として事《つか》ふ。

53客死　（客トシテ死ス）　＝客《かく》として死《し》す。

r名詞→副詞〔比喩・類似〕　＊名詞に送り仮名「のごとく」が付く。

54蛇行　（蛇ノゴトク行ク）　＝蛇《へび》のごとく行《ゆ》く。

55雲散霧消　（雲ノゴトク散リ霧ノゴトク消ユ）　＝雲《くも》のごとく散《ち》り霧《きり》のごとく消《き》ゆ。

ただし、時間を表す名詞や場所を表す名詞句がそのまま副詞・副詞句に転用されると、特徴的な送り仮名は付きません。時間の副詞は、訓読すれば日本語と同じ語感で容易に把握できます。場所の副詞句は、本来は冠せられるべき前置詞「於」が省かれたものと考えればわかりやすいでしょう。

s名詞→副詞〔時間〕

56吾日三省吾身　（吾日ニ三タビ省ミル二吾ガ身ヲ一）

＝吾《われ》日《ひ》に三《み》たび吾《わ》が身《み》を省《かへり》みる。

＊名詞「日」が副詞（「日ごと」の意）に転用された例です。

◎書き下し文の語順を変換する必要があるのは、動詞と目的語、すなわち「吾が身を省みる」→「省V 吾身O」の部分です。

t名詞→副詞句〔場所〕

57和氏得玉璞楚山中　（和氏得二タリ玉璞ヲ楚ノ山中一ニ）　○和氏＝人名。○楚＝国名。

＝和氏《くわし》玉璞《ぎよくはく》を楚《そ》の山中《さんちゆう》に得《え》たり。

＊名詞「楚山中」が副詞句（「楚の山中で」の意）に転用された例です。後位副詞句「於楚山中」の前置詞「於」が省略されたものと見なせば、容易に理解できます。

◎書き下し文の語順を変換する必要があるのは、動詞と〈目的語＋後位副詞句〉、すなわち「玉璞を楚の山中に得たり」→「得（V） 玉璞（O） 楚山中（Q）」の部分です。〈目的語＋後位副詞句〉について、語順を変換する必要はありません。

右のp～sに関し、復文のさいに別して注意すべき点はありません。書き下し文の語順どおりに記すだけです。tに見える後位副詞句については、次節で詳しく説明します。

確認しておくべきは、ここまで挙げた例文からわかるように、形容詞的修飾構造と同じく、副詞的修飾構造においても、修飾語（副詞・前位副詞句）と被修飾語（動詞など）は直接に結びつき、修飾語と被修飾語の距離をmと置けばm＝0が原則だということです。この形容詞的修飾構造と副詞的修飾構造に共通する原則を**《修被直結原則》**と呼んでおきましょう。例外は、既述のごとく、形容詞的修飾構造における《「之」介入現象》のみと考えて差し支えありません。

ウ　前位副詞句と後位副詞句

今までの例文に関する説明のなかで、時として前位副詞句（48・49）および後位副詞句（14～16の文型変化・57）という呼称を使ってきましたが、ここで改めて二種の副詞句について説明しましょう。この両者の捌《さば》き方さえ心得ておけば、復文作業の負担がはるかに軽くなるに違いありません。逆に言えば、前位副詞句と後位副詞句の扱い方があやふやなまま打ち過ごしていると、いつまで経っても原文の語順を取り違え、復文のたびに苦しむことになってしまうのです。

名称から見て、両者がそれぞれ文中で占める位置はわかりやすいでしょう。述部の中核語（多くは動詞、時に形容詞）の前方に位置するのが前位副詞句M、後方に位置するのが後位副詞句Qです。いずれも一般形は〈前置詞＋名詞〉。前掲の例文で確認しておけば、略号Mで示したごとく、48の〈前置詞「自」＋名詞「遠方」〉＝「自遠方」が中核動詞「来」の上方に位置する前位副詞句、49の〈前置詞「為」＋名詞「悦己者」〉＝「為悦己者」も中核動詞「容」の上方に位置する前位副詞句です。また、14～16の文型変化に見える〈前置詞「於」＋名詞「単于／秦／汝」〉＝「於単于／於秦／於汝」は、それぞれ中核動詞「遺／予／賜」の下方に位置する後位副詞句、57の〈前置詞（〔於〕省略）＋名詞「楚山中」〉＝「〔於〕楚山中」も中核動詞「得」の下方に位置する後位副詞句となります。なお、後位副詞句という言葉こそ使いませんでしたが、19に見えた「於水上」も、略号Qが示すように、動詞「浮」の後位副詞句です。一文全体の中核となる動詞は「見」ですが。

副詞句である以上、前位副詞句も後位副詞句も文型を構成する要素にはなりません。しかし、場合によっては、前位副詞句なのか後位副詞句なのかによって訓読の語順・形式が異なり、結果として、いざ復文に臨んだとき、語順の組み立て方に大きな相違をもたらしますので、ぜひ両者の区別を明確に意識しておいてください。

以下、二つの視点から二種の副詞句について詳述しましょう。一つめは文型を用いた解説、二つめは五つの代表的な前置詞ごとの説明です。

①　文型と副詞句

副詞句が活躍するのは、五文型のうち、第一文型・第二文型・第三文型です。第二文型・第四文型・第五文型が副詞句を伴うこともありますが、どちらかと言えば例外に属し、もし副詞句が現れたとしても、第三文型その他から容易に理解できますので、心配は無用です。

1　第一文型＝（S）V

58 王[S] 立[V] 於沼上[Q]　（王立ッ二於《φ》沼上ニ一）

＝王《わう》 沼上《せうじやう》に立《た》つ。

＊置き字「於」は、英語〈on〉に相当する前置詞です。「於」は、ほとんど万能前置詞とも呼べる語で、以下、種々の意味の後位副詞句を形成します。

◎書き下し文の語順を変換する必要があるのは、動詞と後位副詞句、すなわち「沼上に立つ」→「立[V] 於沼上[Q]」の部分です。

59 興[V] 於詩[Q]、立[V] 於礼[Q]、成[V] 於楽[Q]　（興リ二於《φ》詩ニ一、立チ二於《φ》礼ニ一、成ル二於《φ》楽ニ一）

＝詩《し》に興《おこ》り、礼《れい》に立《た》ち、楽《がく》に成《な》る。

＊三つの置き字「於」は、いずれも英語〈at, in〉などに相当する前置詞です。

◎書き下し文の語順を変換する必要があるのは、それぞれの動詞と後位副詞句、すなわち「詩に興り」→「興[V] 於詩[Q]」、「礼に立ち」→「立[V] 於礼[Q]」、「楽に成る」→「成[V] 於楽[Q]」の部分です。

右から明らかなように、復文にさいして、動詞と後位副詞句の語順を変換する必要があります。これを〔V／Q〕**変換**と名づけておきましょう。

2′　第二文型〔変形〕＝（S）C

60 季氏 富 於周公　（季氏富ム二於周公一ヨリモ）　○季氏・周公＝人名。

＝季氏《きし》 周公《しうこう》よりも富《と》む。

＊置き字「於」は、英語〈than〉に相当する前置詞です。比較を表すとき、英語の形容詞では原形〈rich〉が比較級〈richer〉に変化しますが、漢文は語形変化を起こさないので、「富」には何も変化が生じません。なお、形容詞「富」を動詞「富む」として訓ずるのは、日本語に「富」を形容詞として訓読みする習慣がないためで、あくまで訓読の便宜によって生じた品詞転換です。

◎書き下し文の語順を変換する必要があるのは、形容詞と後位副詞句、すなわち「周公よりも富む」→「富 於周公」の部分です。

61 吾 一日 長 乎爾　（吾一日長ゼリ二乎爾一ヨリモ）

＝吾《われ》 一日《いちじつ》爾《なんぢ》よりも長《ちやう》ぜり。

＊置き字「乎」は、右の60に見える「於」と同じく、英語〈than〉に相当する前置詞です。「長」は、英語の比較級〈older, senior〉などに相当しますが、やはり語形変化を起こしません。形容詞「長」を動詞「長ず」として訓ずるのも、訓読の便宜によ

る品詞転換です。「一日」は、名詞がそのまま転用された時間の副詞で、ここでは形容詞「長」の程度、つまり年齢の差（「ほんの少しだけ（年長である）」の意）を表しています。

◎書き下し文の語順を変換する必要があるのは、形容詞と後位副詞句、すなわち「爾よりも長ぜり」→「長 乎爾」の部分です。

右でわかるとおり、復文では形容詞と後位副詞句の語順を変換する必要があります。これを〈A／Q〉**変換**と呼んでおきましょう。

3　第三文型＝（S）VO

62 以五十歩 笑 百歩　（以テ㆓五十歩ヲ㆒笑フ㆓百歩ヲ㆒）
＝五十歩《ごじっぽ》を以《もっ》て百歩《ひゃっぽ》を笑《わら》ふ。

＊「以」は、英語〈by, by means of〉〈because of〉などに相当する前置詞です。

◎書き下し文の語順を変換する必要があるのは、動詞と目的語、すなわち「百歩を笑ふ」→「笑 百歩」の部分です。前位副詞句の内部でも、前置詞と名詞、すなわち「五十歩を以て」→「以 五十歩」の語順変換が必要となります。前位副詞句「以五十歩」

と動詞「笑」は書き下し文の順序どおりに並べるだけで、語順を変換する必要はありません。

63 与俗[M] 同[V] 好悪[O]　（与《と》レ俗同ジウス二好悪ヲ一）

＝俗《ぞく》と好悪《かうを》を同《おな》じうす。

＊「与」は、英語〈with〉に相当する前置詞で、「与《と》」と読みます。

◎書き下し文の語順を変換する必要があるのは、動詞と目的語、すなわち「好悪を同じうす」→「同[V] 好悪[O]」の部分です。前位副詞句の内部でも、前置詞と名詞、すなわち「俗と」→「与[prep] 俗[N]」の語順変換が必要となります。前位副詞句「与俗」と動詞「同」は、書き下し文の順序どおり記せば宜しく、語順を入れ換える必要はありません。

64 斉景公[S] 問[V] 政[O] 於孔子[Q]　（斉ノ景公問フ二政ヲ於φ孔子ニ一）　○斉＝国名。○景公・孔子＝人名。

＝斉《せい》の景公《けいこう》 政《せい》を孔子《こうし》に問《と》ふ。

＊置き字「於」は、動作の間接的な対象を表す前置詞で、英語〈ask…of…〉の〈of〉に相当します。

◎書き下し文の語順を変換する必要があるのは、動詞と〈目的語＋後位副詞句〉、すなわち「政を孔子に問ふ」→「問[V] 政[O] 於孔子[Q]」の部分です。注意すべきは、〈目的語＋後位副詞句〉の順序は入れ換える必要がないという点です。この一文を「斉ノ景公問レフ政㆓ヲ於《φ》孔子㆒」（斉《せい》の景公《けいこう》 孔子《こうし》に政《せい》を問《と》ふ）と訓読することはありません。〈目的語＋後位副詞句〉は、書き下し文の語順のままに並べておけばよいのです。

65 子路《S》 逢《V》 虎《O》 於水《Q》 （子路逢㆓フ虎㆑於《φ》水㆒）　○子路＝人名。

＝子路《しろ》 虎《とら》に水《みづ》に逢《あ》ふ。

＊置き字「於」は、英語〈in〉に相当する前置詞です。「虎に水に」がぎこちなく聞こえるかもしれませんが、訓読にしばしば現れる助詞「に」の連用で、訓読としては不自然な響きではありません。

◎書き下し文の語順を変換する必要があるのは、動詞と〈目的語＋後位副詞句〉、すなわち「虎に水に逢ふ」↓「逢《V》 虎《O》 於水《Q》」の部分です。注意すべきは、やはり〈目的語＋後位副詞句〉の順序は入れ換える必要がないという点です。この一文を「子路逢㆑フ虎㆓於《φ》水㆒」（子路《しろ》 水《みづ》に虎《とら》に逢《あ》ふ）と訓読することはありません。右の64に同じく、〈目的語＋後位副詞句〉は、書き下し文の語順どおりに記しておけばよいのです。

66 救《V》 民《O》 於水火之中《Q》 （救㆓フ民ヲ於《φ》水火之中㆒ヨリ）

＝民《たみ》を水火《すいくわ》の中《うち》より救《すく》ふ。

＊置き字「於」は、英語〈from〉に相当する前置詞です。

◎書き下し文の語順を変換する必要があるのは、動詞と〈目的語＋後位副詞句〉、すなわち一文の全体「民《たみ》を水火《すいくわ》の中《うち》より救《すく》ふ」→「救 民 於水火之中」です。注意すべきは、ここでも〈目的語＋後位副詞句〉の順序は入れ換える必要がないという点です。この一文を「救フレ民ヲ二於水火之中ヨリ一」（水火《すいくわ》の中《うち》より民《たみ》を救《すく》ふ）と訓読することはありません。右の64・65に同じく、〈目的語＋後位副詞句〉は、あくまで書き下し文の語順そのままに並べておくだけです。

右の五例で理解できるように、復文においては、すでに述べた〈V／O〉**変換**（→p. 35）に加え、前位副詞句の内部で前置詞と名詞を入れ換える〈prep／N〉**変換**、および動詞と〈目的語＋後位副詞句〉の語順を変換する〈V／(OQ)〉**変換**が必要となります。繰り返し念を押しておきますが、「(OQ)」の部分、つまり目的語と後位副詞句の順序は変換する必要がありません。

最後に、後位副詞句が二つ並ぶ珍しい例を掲げておきましょう。67は第一文型、68は第三文型で、どちらも主語が省略されています。

67 号泣 于旻天 于父母　（号二泣ス于旻天ニ于父母一）

＝旻天《びんてん》に父母《ふぼ》に号泣《がうきふ》す。

＊二つの後位副詞句に見える置き字「于」は、「於」と同義の前置詞で、ここでは動詞「号泣」の方向・対象を表し、英語〈toward〉〈for〉に相当します。

◎58・59で用いた〔V／Q〕変換のQが一つ増えただけですから、復文作業は、動詞と二つの後位副詞句、すなわち「号泣」と「于旻天于父母」とを入れ換えて完了です。

やはり二つの後位副詞句は、書き下し文の語順どおりに並べるのみ。この一文を「号三泣ス于《φ》旻二天ニ于《φ》父母一ニ」（父母《ふぼ》に旻天《びんてん》に号泣《がうきふ》す）と訓読することはありません。

68 用V 牲O 于社Q 于門Q　（用二キル牲ヲ于《φ》社ニ于《φ》門一）
＝牲《いけにへ》を社《しゃ》に門《もん》に用《もち》ゐる。

＊二つの後位副詞句に見える置き字「于」は、やはり「於」と同義の前置詞で、ここでは場所を表し、英語〈on, at〉に相当します。

◎64～66で用いた〔V／（OQ）〕変換にQが一つ加わっただけですから、復文においては、動詞と〈目的語＋後位副詞句×2〉、すなわち「用」と「牲于社于門」の順序をそのまま入れ換えることになります。ここでも目的語「牲」と二つの後位副詞句「于社于門」は書き下し文の語順そのままに並べておけば宜しく、この一文を「用レキル牲二ヲ于《φ》社ニ于《φ》門一ニ」（社《しゃ》に門《もん》に牲《いけにへ》を用《もち》ゐる）または「用三キル牲ヲ于《φ》社二ニ于《φ》門一ニ」（牲《いけにへ》を門《もん》に社《しゃ》に用《もち》ゐる）あるいは「用レキル牲三ヲ于《φ》社二ニ于《φ》門一ニ」（門《もん》に社《しゃ》に牲《いけにへ》を用《もち》ゐる）と訓読することはありません。

敢えて言えば、67には〔V／（QQ）〕変換が、68には〔V／（OQQ）〕変換が必要となりますが、いずれも稀な例ですので、それぞれ前掲の〔V／Q〕変換・〔V／（OQ）〕変換の応用範囲に含めて扱うこととし、個別の変換規則は立てません。

② 前置詞と副詞句

ここまで掲げてきた例文から何となくイメージがつかめているかもしれませんが、前位副詞句と後位副詞句に用いられる代表的な前置詞は、次に掲げる五つです。61に現れた「乎」や67・68で見たばかりの「于」は、ともに「於」と同義の前置詞ですから、「於」に含めて考えることにしましょう。

〔前位副詞句〕以・為・自・与
〔後位副詞句〕於（乎・于）

現行の書き下し文の体裁では、一般に表記が三種に分かれます。前位副詞句のうち、「以」

は「以《もっ》て」、「為」は「為《ため》に」と漢字で記されますが、「自」は「より」、「与」は「と」のごとく仮名書きになり、後位副詞句の「於」に至っては、置き字であるがゆえに、影も形もなくなってしまうのが実際です。ただし、すでに記したように、仮名書き語の復元や置き字の措置については「Ⅱ　基礎篇」で不安を解消する措置を講じますので、懸念するには及びません。

問題は、前位副詞句と後位副詞句の判別です。右のとおり、一般には「以・為・自・与」が前位副詞句を、「於」が後位副詞句を形成するとはいえ、もし「以・為・自・与」を用いた後位副詞句や「於」に導かれた前位副詞句が現れたりしたら、どのように前位か後位かを見抜けばよいのでしょうか。

そもそも、前位副詞句・後位副詞句という名称は、原文または訓読文において、述部の中核語（多くは動詞、時に形容詞）に対する位置が前方か後方かによって付けられたものにすぎず、書き下し文における位置を表すわけではありません。復文の結果として復元された原文において始めて前位副詞句か後位副詞句かが明瞭になるにすぎず、書き下し文のなかで二種の副詞句をどう判別するのかがわからなければ、復文のしようがなくなってしまいます。

けれども、実のところ、右の五つの前置詞が用いられた副詞句について過度に心配する必要はありません。前位か後位かによって訓読の方法が変わる前置詞もありますし、そもそも前位か後位かがほとんど決まっている前置詞もあるからです。以下、それぞれの前置詞について検討してゆきましょう。

i 「以」

「以」が導く副詞句の前位と後位を判別するのは、きわめて容易です。なぜなら、「以」は、前位副詞句では「以レテNヲVス」（Nを以《もつ》てVす）と読みますが、後位副詞句では「VスルニレテスNヲ」（VするにNを以《もつ》てす）とサ変動詞化して訓読するからです。前位と後位とで訓読が異なるうえ、書き下し文においても、前位の場合は動詞の上方に記され、後位の場合は動詞の下方に記される。たやすく見分けがつくことでしょう。

69 君(S)　以礼(M)　使(V)　臣(O)　（君以レテ礼ヲ使レフ臣ヲ）
＝君《きみ》　礼《れい》を以《もつ》て臣《しん》を使《つか》ふ。　〔前位副詞句〕

70 君(S)　使(V)　臣(O)　以礼(Q)　（君使レフニ臣ヲ以レテス礼ヲ）
＝君《きみ》　臣《しん》を使《つか》ふに礼《れい》を以《もつ》てす。　〔後位副詞句〕

右の70を「君使レフ臣ヲ以レテ礼ヲ」（君《きみ》　礼《れい》を以《もつ》て臣《しん》を使《つか》ふ）と訓読することはなく、また「君使ニフ臣ヲ以レテ礼ヲ」（君《きみ》　臣《しん》を礼《れい》を以《もつ》て使《つか》ふ）と読むこともありません。後位の訓法「VスルニレテスNヲ」（VするにNを以《もっ》てす）を肝に銘じてください。

ii　「為」

「為」が形成する副詞句も前位と後位とで訓読が異なります。書き下し文においても、やはり前位の場合は動詞の上方に記され、後位の場合は動詞の下方に記されますから、不安を抱く必要はありません。

71 皆[adv]　為利[M]　来[V]　（皆為ニレ利ノ来タル）
=皆《みな》利《り》の為《ため》に来《き》たる。〔前位副詞句〕

72 皆[adv]　来[V]　為利[Q]　（皆来タルハ為ナリレ利ノ）
=皆《みな》来《き》たるは利《り》の為《ため》なり。〔後位副詞句〕

一般形で示せば、前位は「為ニレNノVス」（Nの為《ため》にVす）、後位は「VスルハナリレNノ」（VするはNの為《ため》なり）と訓読し、後位の場合はしばしば「VスルハレNノ也《なり》」（同上）とも書かれます。

iii　「自」

「自」は、なかなか厄介です。前位副詞句「自NV」（自《よ》レリNVス）でも後位副詞句「V自N」（Vレス自《よ》レリN）でも、訓読すれば、結果として書き下し文がまったく同じになってしまうからです。

73　余[S] 自揚州[M] 還[V]　（余自二リ揚州一還ル）　○揚州＝地名。
＝余《われ》揚州《やうしう》より還《かへ》る。〔前位副詞句〕

74　余[S] 還[V] 自揚州[Q]　（余還レル自二リ揚州一）
＝余《われ》揚州《やうしう》より還《かへ》る。〔後位副詞句〕

右のごとき訓法を採るかぎり、書き下し文から前位か後位かを判断することはできません。後位「V自N」の場合には、次のように「Vスルコト自レリスN」と訓読することもありますが。

74′　余[S] 還[V] 自揚州[Q]　（余還ルコト自二リス揚州一）
＝余《われ》還《かへ》ること揚州《やうしう》よりす。〔後位副詞句〕

これならば、前位副詞句と訓読が異なりますので、すぐ後位副詞句だろうと判断できます。けれども、右のように後位副詞句の「自」を「自《よ》リス」（よりす）とサ変動詞化する訓法が優勢とは言いがたく、書き下し文から前位か後位かを確定するのは一般に不可能だと言わざるを得ません。

したがって、私見では、「自」を用いる副詞句を復文で無条件のまま出題するのは不適切と考えます。もしそれでも強いて出題されたならば、前位副詞句として扱っておくのが穏当でしょう。後位副詞句「V自N」（Vレス自《よ》レリN）よりも、やはり前位副詞句「自NV」（自《よ》レリNVス）のほうが頻度が高いと思います。

ⅳ「与」

「与」を冠した副詞句が後位副詞句として用いられることはほとんどないだろうと思います。私が不勉強なだけかもしれませんが、後位副詞句「V与N」を見かけた記憶はありません。たとえ稀に現れたとしても、やはり「以」と同じく、左のように異なる訓法を採らざるを得ず、書き下し文における位置も、前位副詞句は動詞の上方に、後位副詞句は動詞の下方に記されるはずですから、取り立てて懸念するには及びません。

75 与朋友〔M〕 交〔V〕 （与《と》二朋友一交ハル）

＝朋友《ほういう》と交《まじ》はる。　〔前位副詞句〕

76 交V 与Q朋友　（交ハル二与二ス朋友一ト）［？］
＝交《まじ》はるに朋友《ほういう》と与《とも》にす。〔後位副詞句〕

右の76を「交レハル与《と》二朋友一」（朋友《ほういう》と交《まじ》はる）と訓読し、結果として75と書き下し文が同一になってしまうことはあり得ません。

ただし、ここで扱っているのは前置詞「与」ですが、想い起こしてください、間接並列の26で見たように、接続詞「与」も存在するのです。そして、動詞の上方に「X与Y」が現れると、文法上、次のような二つの可能性が生じてしまいます。ややこしい問題とはいえ、文法感覚をみがくために、ぜひ心得ておいてください。まずは一般形を示しておきましょう。

〔並列構造〕 X与YS V　（Xト与《と》レYVス）　＝XとYとVす　＊「与」＝接続詞〈and〉
↓「XとYの両者がVする」意。　◇主語＝X＋Y
〔SM構造〕 XS 与YM V　（X与《と》レYVス）　＝X　YとVす　＊「与」＝前置詞〈with〉
↓「XがYと一緒にVする」意。　◇主語＝X

いずれの構造なのかは、もっぱら文脈に基づいて判断することになります。どちらが正しいのか、確定しかねるときも少なくありません。たとえば——

77 固与レ奴 奔走　（固ト与《と》レ奴奔走ス）　○固＝人名。○奴＝下男。
S　　　　V

＝固《こ》と奴《ど》と奔走《ほんそう》す。〔並列構造〕

↓固と下男の二人は急いで走り去った。　◇主語＝固＋奴

78 固 与レ奴 奔走　（固与《と》レ奴奔走ス）
S　M　　V

＝固《こ》 奴《ど》と奔走《ほんそう》す。〔SM構造〕

↓固は下男と一緒に急いで走り去った。　◇主語＝固

もっとも、右でわかるように、復文のさい、接続詞「与」と前置詞「与」を判別するのは容易です。助詞「と」が、連続する名詞それぞれに付いていれば接続詞「与」、単独の名詞に一つだけ添えられていれば前置詞「与」と考えて差し支えないでしょう。

むろん、前掲03のごとく、補語の名詞に「と」が付いて「為レルNト」（Nと為《な》る）となる場合もあるので、「与《と》レN」のように前置詞「与」を名詞から返って「と」と読んでいるのか、「為レルNト」のごとく補語の名詞に送り仮名「と」が付いているのかは、いずれの書き下し文も「Nと」となるだけに、慎重に判断せねばなりません。この注意が最もよく当てはまるのは、有名な成

語「習《なら》ひ性《せい》と成《な》る」でしょう。復文すれば左の三つが可能ですが、初めの○だけが正解、他の二つの×は誤答です。三つの原文の構造を比較・対照し、とりわけ正解の前位副詞句「与《と》レ性」に目をこらしてください。

79　○習(S)｜与性(M)｜成(V)　（習ヒ与《と》レ性成ル）　＝習《なら》ひ／性《せい》と／成《な》る

×習(S)｜成(V)｜性(C)　（習ヒ成ルレ性ト）　＝習《なら》ひ／性《せい》と成《な》る

×成(V)｜習性(C)　（成ル二習ヒ性ト一）　＝習《なら》ひ性《せい》と／成《な》る

こうした例を目にすると、復文が非常に難しい作業のように思えるかもしれません。三つとも「習ひ性と成る」と書き下せるのに、なぜ正解を「習ヒ与《と》レ性成ル」に絞り込めるのか、と。けれども、実際の復文問題では、単に書き下し文「習ひ性と成る」を示しただけで、いきなり復文の作業を要求するわけではありません。その点は、何も心配しないでいただきたい。あらかじめ種明《たねあ》かしをしておけば、正解の原文だけが四字から成り、他の二つの原文は三字から成る——これが要点《ポイント》となるのです。

Ⅴ「於」

「於」は、「以」や「為」と同じく、前位か後位かによって訓読の方法が変わります。後位副詞句では置き字として読まずにすませますが、前位副詞句に用いられたときは「於《お》て《い》」と訓読することになっています。つまり、「於」を読んでいるか否かで、前位か後位かが判別できる。一般形で示せば、前位副詞句が「於レテNニVス」（Nに於《おい》てVす）、後位副詞句が「V二ス於φN一ニ」（Nに Vす）となります。

80 於城外M 飲V 酒O（於二テ城外一ニ飲レム酒ヲ）
＝城外《じやうぐわい》に於《おい》て酒《さけ》を飲《の》む。〔前位副詞句〕

81 飲V 酒O 於城外Q（飲二ム酒ヲ於φ城外一ニ）
＝酒《さけ》を城外《じやうぐわい》に飲《の》む。〔後位副詞句〕

右の81を「飲レム酒二ヲ於φ城外一ニ」（城外《じやうぐわい》に酒《さけ》を飲《の》む）と訓読することはありません。したがって、「於」を読んでいるか否かのみならず、書き下し文における目的語「酒を」と副詞句「城外に（於て）」の順序からも、副詞句「於城外」が前位なのか後位なのかを容易に見分けられるでしょう。

ちなみに、この目的語と副詞句との順序によって副詞句が前位か後位かを確定する方法は、意外に広く応用が利きます。前置詞「於」が導く副詞句「於＋N」ならば、「於」の読みの有無が判断の決め手になりますが、「於」がない場合、つまり名詞がそのまま副詞句に転用されている場合は、書き下し文における目的語と副詞句の順序こそが前位か後位かを判別する基準になるからです。左の一文を見てください。

82　管寧[S]華歆　共[adv]　園中[M]　鋤[V]　菜[O]　（管寧華歆共ニ園中ニ鋤レク菜ヲ）　〇管寧・華歆＝人名。

＝管寧《くわんねい》・華歆《くわきん》　共《とも》に園中《ゑんちゆう》に菜《さい》を鋤《す》く。

問題の焦点は「園中」です。これは名詞が副詞句に転用された例で、「於テ二園中一ニ」（園中《ゑんちゆう》に於《お》いて）と同じ意味ですが、すでに観察した57の「楚山中」と同じく、前置詞「於」が見えません。ですから、前位副詞句でありながら「園中に於《お》いて」とは訓読できず、「於」を置き字として読まない後位副詞句「於《φ》園中ニ」（園中《ゑんちゆう》に）と同一の訓読になってしまいます。いったい「園中」が前位か後位かは、どのように判断すればよいのでしょうか。

このようなとき、右に述べた目的語と副詞句の順序が、前位副詞句か後位副詞句かの判断基準になるのです。左の二つの文の訓読と書き下し文をそれぞれ比べてみてください。主語の二つの人名は省いてしまいます。

・共[adv] 園中[M] 鋤[V] 菜[O]　（共ニ園中ニ鋤レク菜ヲ）
＝共《とも》に園中《ゑんちゆう》に菜《さい》を鋤《す》く。〔前位副詞句〕　＊右の82に同じ。
・共[adv] 鋤[V] 菜[O] 於園中[Q]　（共ニ鋤二ク菜ヲ於園中一ニ）
＝共《とも》に菜《さい》を園中《ゑんちゆう》に鋤《す》く。〔後位副詞句〕　＊右の82の変形。

書き下し文が「園中に菜を鋤く」ならば、「園中」は前位副詞句となり、原文は「園中[M] 鋤[V] 菜[O]」。それに対して、書き下し文が「菜を園中に鋤く」ならば、「園中」は後位副詞句を成し、原文は「鋤[V] 菜[O] 於園中[Q]」となります。例のとおり、後者を「共ニ鋤レク菜ヲ二於園中一ニ」（共《とも》に園中《ゑんちゆう》に菜《さい》を鋤《す》く）と訓読することはありません。書き下し文における目的語「菜を」と副詞句「園中に」の順序から、副詞句「園中」の前位・後位を見分けられるのです。

では、もし目的語「菜を」がなく、単に「共《とも》に園中《ゑんちゆう》に鋤《す》く」とだけ書き下されていたら、どうなるのか。置き字「於」の有無がわからないかぎり、前位か後位かを見分ける手がかりはなく、復文の結果は「共園中鋤」（共ニ園中ニ鋤ク）とも「共鋤於園中」（共ニ鋤二ク於園中一ニ）ともなってしまい、正解が一つに決まりません。そのような書き下し文を無条件のまま出題するのは、復文の問題として適切を欠くだろうと考えます。本書の出題形式では、前者が四字、後者が五字から成り、後者に置き字「於」が存在することが要点《ポイント》となるのです。

ここで、前掲57と同じく、右のように前置詞「於」が省かれた後位副詞句の例を三つ補い、簡略に説明しておきましょう。すべて孔子に関わる例文で、各訓読文に見える「〔於〕」が前置詞「於」の省略を表します。84は、ぜひ64と見比べてください。ほとんど同じ字句でありながら、「於」の有無に相違が生じています。

83 孔子(S) 独(adv) 立(V) 郭東門(Q)　（孔子独リ立ツ二〔於〕郭ノ東門一）
＝孔子《こうし》独《ひと》り郭《くわく》の東門《とうもん》に立《た》つ。

＊第一文型の一文で、場所を表す名詞「郭東門」が後位副詞句に転用されています。

◎復文では〔V／Q〕変換を適用します。

84 景公(S) 問(V) 政(O) 孔子(Q)　（景公問フ二政ヲ〔於〕孔子一）　〇景公＝人名。
＝景公《けいこう》政《せい》を孔子《こうし》に問《と》ふ。

＊第三文型の一文で、動詞「問」の間接的対象たる名詞「孔子」が後位副詞句に転用されています。ほぼ同一の字句から成る64では、名詞「孔子」に前置詞「於」が冠せられていました。

◎復文では〔V／（OQ）〕変換を適用します。

85 孔子[S]　学[V]　鼓琴[O]　師襄子[Q]　（孔子学ブ二鼓スルレ琴ヲ〔於〕師襄子一）　○師襄子＝人名。楽師の襄子。

＝孔子《こうし》琴《こと》を鼓《こ》するを師襄子《しじやうし》に学《まな》ぶ。

＊第三文型の一文で、動詞「学」の間接的対象たる名詞「師襄子」が後位副詞句に転用されています。目的語「鼓琴」の内部は「鼓[V]琴[O]」の構造、つまり〈動詞＋目的語〉＝目的語という文法関係になり、英語〈(how to) play the zither〉に相当します。

◎復文では〔V／（OQ）〕変換を適用します。

14～16の文型変化に説明を加えたとき、「もとIOであった名詞に多くは前置詞「於」が付いて後位副詞句を成す」（→p. 38）と記しましたが、あくまで「多くは」にすぎません。84でわかるように、前置詞「於」が省略されて、一見〈SVDO IO〉としか思えない文章も現れるわけです。

以上が前位副詞句と後位副詞句に関する説明です。あれこれ複雑に映ったかもしれませんが、少し復文に慣れさえすれば、前位・後位の扱いは、さほど難度の高い作業にはなりません。何か迷いが生じたときは、右の58～85を見返してください。

語順変換規則

最後に、本篇に現れた復文の語順変換規則をまとめておきましょう。太字で記しておいた語順変換の規則八種に些少の整理を加えて再掲すれば、次のとおりです。

▽・〔V／O〕**変換**　・〔V／C〕**変換**　・〔V／Q〕**変換**　・〔A／Q〕**変換**
・〔V／（OO）〕**変換**　・〔V／（OC）〕**変換**　・〔V／（OQ）〕**変換**
▽〔prep／N〕**変換**

一瞥してわかるように、前七種には共通した特徴が見られます。述部の中核語（六種は動詞V、一種のみ形容詞A）と、その下接する要素とを、そっくりそのまま入れ換えるということです。「そっくりそのまま」と言うのは、たとえ下接する要素が複数個（OO・OC・OQ）であっても、その内部では語順を変換する必要がなく、書き下し文に現れる順序のまま動詞Vと入れ換えればよいとの意味です。七種では記憶の負担が重すぎると感じる向きは、一つだけ形容詞Aに関わる〔A／Q〕変換を敢えて切り捨て、その他を一括りにして、左のごとき大まかなイメージを脳裡に収めておけばよいでしょう。厳密には不正確なものの、実際の復文作業には大いに役立ちます。

〔V／(O and/or C and/or Q)〕変換

末尾に挙げた〔prep／N〕変換だけは、前七種と毛色が異なり、副詞句の内部における変換規則です。もちろん、前置詞が日本語の助詞を当てて訓読され、書き下し文で仮名書きされている場合（前位〔後位〕副詞句「自」＝より、前位副詞句「与」＝と）は、それを漢字に書き改めたうえで名詞に冠することになります。また、後位副詞句の前置詞「於（乎・于）」が訓読されずに置き字として扱われ、書き下し文に現れない場合については、次篇を参照してください。すでに記したように、本書に関するかぎり、置き字となる前置詞について思い悩む事態は生じません。

長々と説明を連ねてきましたが、これでようやく下準備が終わりました。

それでは、いよいよ復文作業の現場に足を踏み入れることにしましょう。

II 基礎篇

書き下し文とは何か？

　復文は書き下し文を漢文の原文に復元する作業ですから、まずは書き下し文について明確に理解しておく必要があります。すでに前篇で遠慮なく書き下し文を掲げていましたが、改めてその性質を確認しておきましょう。

　書き下し文は、原文に返り点・送り仮名を加えた訓読文を、さらに漢字・平仮名交じりで日本語の語順に書き直したものです。つまり、訓読の結果を、発音する順序そのままに書き記した字句ということになります。かつては漢字・片仮名交じりで書き下すのが通例でした。往時の人々は、漢字と平仮名は相性が悪いと感じていたらしく、片仮名で記された送り仮名を、そのまま片仮名で書き下し文にも持ち込んでいたのです。

　しかし、その後、文字に対する感性が変化した結果、今日の書き下し文の表記は、漢字・平仮名交じりが常態となりました。漢字の字体も、たとえ原文が旧字体であっても、常用字体に改めてしまうことが少なくありません。要するに、表記も字体も、通常の日本語と同じように記すのが現在の書き下し文の主流なのです。仮名遣いも、歴史的仮名遣いの送り仮名を、現代仮名遣いに書き換えることが多くなっているように見受けます。ただし、前篇でお気づきのごとく、本書は一貫して歴史的仮名遣いで書き下す方針ですので、承知しておいてください。

けれども、復文に影響をもたらすのは、表記や字体あるいは仮名遣いの問題ではなく、訓読文を書き下し文に改めるときに講じられる左記の四つの措置です。いずれも書き下し文を作成するさいの常識的な要領ですが、復文の立場から見れば、その影響は決して小さくありません。

①原文にない漢字は書かない。
②発音しない漢字すなわち置き字は省略する。
③日本語の助詞・助動詞を当てて読む漢字は仮名書きに改める。
④再読文字は、初読（右の読み）に漢字を当て、再読（左の読み）を仮名書きとする。

①は、たとえば「或ルヒト曰ク」「飛ブコト急ナリ」などと訓読した場合、必ず「或《あ》るひと曰《いは》く」「飛《と》ぶこと急《きふ》なり」と書き下すことを意味しています。送り仮名の「ヒト」や「コト」を恣意《しい》に漢字に書き換え、「或る人曰く」「飛ぶ事急なり」と記したりしてはいけません。書き下し文の漢字数が原文の漢字数を上回る事態だけは絶対に起こらないのです。

②は、たとえば「死シテ而無レシ悔イ」ならば、「死《し》して悔《く》い無《な》し」のように書き下せとの指示にほかなりません。置き字として扱う接続詞「而」の類は、発音しないという理由で、あっさり省いてしまうのです。結果として、書き下し文の漢字数が原文の漢字数よりも少なくなる事態

が生じ得ることになります。

③は、たとえば「与《と》㆓斉ノ景公㆒坐ス」「君子人也《なり》」のような訓読文は、「斉《せい》の景公《けいこう》と坐《ざ》す」「君《くん》子人《しじん》なり」のごとく書き下せとの指示です。「与」に格助詞「と」を、「也」には断定の助動詞「なり」を当てて訓じているので、それぞれ仮名書きに改めるわけです。すなわち、②の措置と同じく、書き下し文の漢字数が原文の漢字数を下回る事態が起こり得ることになります。

ただし、この③は、個人の流儀によって、しばしば揺れが生ずるのが実情です。推量の助動詞「べし」を当てながら、「可シ」を「可《べ》し」と書き下す人は少なくありませんし、ラ変動詞「あり」や形容詞「なし」を当てつつも、「有リ」「無シ」を「あり」「なし」と仮名に開いてしまう人も多いというのが偽らざる実態です。③に忠実に従えば、それぞれ「べし」あるいは「有《あ》り」「無《な》し」と記すことになるはずなのですが。

かく言う本書も、比況の助動詞「ごとし」を当てて訓ずる「如シ」「若シ」は、そのまま漢字を残して「如《ごと》し」「若《ごと》し」と表記する方針です。「ごとし」は、助動詞のなかでも例外的に体言性が、つまり名詞に似た性質が強いので、どうにも仮名書きに改める気になれないからです。私の賢《さか》しら（悪趣味？）として見のがしてください。

なお、③にいう「日本語の助詞・助動詞」には、ぜひ注意してほしいと思います。決して漢文の助詞・助動詞ではありません。うっかり混同したりすると、わけのわからぬ話になってしまいます。

④は、たとえば再読文字「当ニシレVス」ならば「当《まさ》にVすべし」、「猶ホシレNノ」ならば「猶《な》ほNのごとし」と書き下すことを意味します。①に照らしても、それぞれ「べし」を「可《べ》し」、「ごとし」を「如《ごと》し」に改めるような身勝手は許されません。もちろん、「如シ」をそのまま「如《ごと》し」と記す方針の本書においても、「猶ほNのごとし」の「ごとし」を「如《ごと》し」と書くことはありませんので、念のため。

復文の立場から見ると、最も影響が大きいのは、②と③の措置によって必然的にもたらされる事態、すなわち、書き下し文の漢字数のほうが原文の漢字数よりも少なくなる可能性です。書き下し文の漢字数を Ck、原文の漢字数を Ct と置くと、次の関係が成り立ちます。①により、Ck>Ct は成立しません。

$$Ck \leqq Ct$$

この不等式は、原文の漢字数が書き下し文で減少する可能性を示しています。逆に言うと、復文に当たっては、仮名書きの語を漢字に改める場面が生じるわけです。一見、甚だ気の重い作業に映るでしょう。いったい、どの語をどの漢字に復元すればよいのか、と。

けれども、心配する必要はありません。③にいう「日本語の助詞・助動詞を当てて読む漢字」は少数にとどまり、復文にさいして漢字に復元する可能性のある仮名書き語は、それほど数が多くないのです。取り敢えずは、次頁の《復文作業用資料》を一瞥してください。あわてて暗記するには及びません。必要に応じて見返しているうちに、ほどなく反応の速度と確度が向上してゆくはずです。

しかも、《復文作業用資料》を見ればわかるとおり、本書の練習問題で特に留意すべきは、太字で示す格助詞「の」＝之、「と」＝与、そして打消「ず」＝不、使役「しむ」＝使・令、推量「べし」＝可、断定「なり」＝也くらいにすぎません。

とはいえ、書き下し文で仮名書きされる語はまだしも、②の措置により書き下し文で完全に姿が消えてしまう置き字については、不安を否《いな》めないことでしょう。目に見えない置き字をどのように復元するのか。それについては、次節で懸念を払拭《ふっしょく》することにします。

《復文作業用資料》

漢字に復元する可能性のある仮名書き語

＊**太字**は、特に本書の練習問題で復元に留意すべき語。

◆助詞

・格助詞　「**の**」＝**之**

「**と**」＝**与**

「より」＝自・従　＊起点・経由点を表す。

「より」＝与　＊比較選択形で、比較の対象を表す。

・接続助詞　「ば」＝者

・係助詞　「は」＝者

「や」「か」＝也・乎・耶・歟

・副助詞　「のみ」＝耳・爾・而已・而已矣

「ばかり」＝許・可　＊概数を表す。限定の意味にはならない。

・終助詞　「かな」＝哉・夫・矣

・間投助詞「や」＝也　＊呼びかけを表す。
「よ」＝乎　＊呼びかけを表す。

◆助動詞
・打消「**ず**」＝**不**
・受身「る」「らる」＝見・被・所
・使役「**しむ**」＝**使**・**令**・遣・教・俾　＊使役形で、使役を表す。
・推量「**べし**」＝**可**
・断定「**なり**」＝**也**
「たり」＝為
・比況「ごとし」＝如・若

出題形式

復文の出題には、いくつかの気遣いが必須だと考えます。ぶっきらぼうに書き下し文だけを示して「復文せよ」では、あまりに乱暴すぎるでしょう。出題者は、原文に訓読をほどこし、その訓読文を書き下し文にする。つまり、原文を手にしている以上、そもそも正解を承知のうえで出題に及ぶわけです。この特権的な地位に甘えてはなりますまい。どうせ正解はわかっているとの安心感から、つい「どのような文章をいくら出題しようとかまわない」との態度に傾きがちです。しかし、問題として提出する以上、そこには一定の歯止めが必要でしょう。復文には復文なりの学習目標があるのですから。

では、どのように出題すればよいのか。その基本方針は、「出題者自身が復元作業を合理的に説明できないような問題を課してはならない」に尽きると思います。つまり、文法・語法の点で破格の文章を出題しないのはもちろんのこと、ある語句を漢字で記すのか送り仮名にするのか、同訓の語句のどれを選べばよいのか、どこにどの置き字を記せばよいのか、自分でもすっきり理解できないような問題は、決して課してはいけないということです。具体的には、少なくとも四つの配慮が必要でしょう。

第一は、総字数の指定です。たとえば、ただ「夫子《ふうし》の道《みち》は、忠恕《ちゅうじょ》のみ」と書き下し文を示してみても、「の」が、送り仮名で「夫子ノ道」なのか、漢字に直して「夫子之《の》道」なのか、確定する手段はありません。末尾の「のみ」も、送り仮名「忠恕ノミ」か、はたまた漢字に改めるとしても、前掲の《復文作業用資料》からわかるように、「忠恕耳《のみ》」か「忠恕爾《のみ》」か、それとも「忠恕而已《のみ》」なのか「忠恕而已矣《のみ》」とするのか、まったく決め手がないのです。「の」で二種、「のみ」で五種の復元が可能となれば、解答は十種にもばらついてしまいます。これでは問題として具合が悪い。けれども、右の書き下し文に「全九字」と総字数を添えれば、解答は自ずから「夫子之道ハ、忠恕而已矣《のみ》」（『論語』里仁）に絞られるでしょう。これ以外の書き方では、字数が足りなくなってしまうからです。

もちろん、この一文をぜひとも暗記させたければ、いきなり書き下し文を与えて復文させる方法もあり得ると思います。いろいろな復元が可能だということを理解させるべく、故意に総字数を示さない場面もあり得るかもしれません。しかし、基礎の段階では、やはり総字数を明示して、解答が一つに決まるよう配慮するのが穏当でしょう。数種ものばらつきを一つに絞り込むための論理的な説明は不可能なのですから。

第二は、置き字の位置の指定です。たとえば「予《われ》苗《なへ》を助《たす》けて長《ちやう》ぜしめたり」（全五字）を復文すると、どうなるか。具体的な復文の手続きは後述しますが、このまま無邪気に復文すれば、書き下し文に見える漢字は四字だけですので、一字を加えて「予助レケテ苗ヲ而《φ》長ゼシメタリ」または「予助ケテレ苗ヲ使メタリレ長ゼ」と復元するのが関の山でしょう。しかし、実のところ、正解は「予助ケテレ苗ヲ長ゼシメタリ矣」（『孟子』公孫丑上）なのです。これは荷が重い。置き字の有無がわからなければ正解が得られませんし、「置き字が一字ある」との指示だけでも、第四字に「而」を置くのか、第五字に「矣」を記すのか、確定のしようがありません。けれども、「第五字＝置き字」との条件があれば、ただちに「予助ケテレ苗ヲ而長ゼシメタリ」あるいは「予助ケテレ苗ヲ使メタリレ長ゼ」と復元する可能性を排斥できるでしょう。置き字の有無はもとより、その位置をも指定しなければ、正解がわからないのです。

　第三は、置き字の字種の指定です。実は、右の書き下し文に「第五字＝置き字」との指示が添えてあるだけでは、なおも正解が決まりません。「予助ケテレ苗ヲ長ゼシメタリ焉」と復元する余地もあるからです。

　文末の置き字「矣」と「焉」の区別は甚だ微妙で、使い分けの基準を明確にするのは容易ではありません。この一文は、わざわざ完了の助動詞「たり」を加えて「長ぜしめたり」と訓読しているので、「矣」が完了を表すこと（→p. 55）を想い起こせば、だから「焉」ではなく「矣」なのだと納得することはできます。けれども、それは、あくまで正解が「矣」だとわかっていればこその後《あと》知恵《ぢえ》にすぎず、絶対の判断基準にはなりません。「矣」が完了を表すからといって、必ず完了の助動詞「り・たり」などを添えて訓読するとは限らないうえ、「矣」は断言の語気を表すこともあり、その場合は「民ノ徳帰レス厚キニ矣」（民《たみ》の徳《とく》 厚《あつ》きに帰《き》す／『論語』学而）のごとく、完了の助動詞を用いずに訓読するのが通例だからです。しかも、文末の置き字「焉」は文字どおり多種多様の語気を表し、そのなかには「矣」の持つ完了や断言の語気も含まれています。たとえば、「善《よ》く我《わ》が為《ため》に辞《じ》せよ」は命令文で、きっぱり言い切る語気でしょうから、「矣」を使って復文すればよいのかと思いきや、実際は「善ク為レニ我ガ辞セヨ焉」（『論語』雍也）が正解ですし、また「天下《てんか》 仁《じん》に帰《き》す」は、右に引いた「帰レス厚キニ矣」（厚《あつ》きに帰《き》す）と同じ言い回しなので、やはり「帰レス仁ニ矣」だろうと決め込むと、またもや予想に反して「天下帰レス仁ニ焉」（『論語』雍也）が正解です。出典が同じ『論語』でも、このありさま。書物が異なれば、同一の文の末尾が、片や「矣」、片や「焉」ということも決して珍しくないのです。

正直に言って、「天下ノ君王ヨリ至ルマデ二于賢人一ニ衆ケレドモ矣、当時ハ則チ栄エ、没スレバ則チ已ム焉」（天下《てんか》の君王《くんわう》より賢人《けんじん》に至《いた》るまで衆《おほ》けれども、当時《たうじ》は則《すなは》ち栄《さか》え、没《ぼつ》すれば則《すなは》ち已《や》む／『史記』孔子世家賛）の上下に見える「矣」と「焉」がどのような語気を表しているのか、二字は交換が可能なのか、交換すると意味合いがどう変わるのか等々、遺憾ながら私には明快に解説してみせる自信がありません。「矣」には動的な感嘆の語気が、「焉」には静的な持続の語気が感じられますが、やはりそれも後知恵にほかならず、もし二字を空白にされたら、どちらの字を上下どちらに入れるべきか、どうにも戸惑うばかりでしょう。

要するに、置き字の判別は困難をきわめ、その位置のみならず、字種をも指示しなければ、正解を絞り込めないのです。出題に当たっては、置き字がないときは「置き字ナシ」と明記し、置き字があれば「第五字＝置き字「矣」」のように位置と字種を指示しなければなりません。

第四は、仮名書きの同訓異字に関わる字種の指定です。前掲の《復文作業用資料》を一瞥すればわかるとおり、たとえば使役の場合、最も代表的な字だけでも「使」「令」の二つがあります。いずれも使役の助動詞「しむ」を当てて訓ずるため、書き下し文ではどちらも仮名書きで「子路《しろ》をして之《これ》を問《と》はしむ」（子路＝人名）となりますから、「使」なのか「令」なのか、まったく判断できません。正解は「使ム二子路ヲシテ問ハレ之ヲ」（『礼記』檀弓下）ですが、なぜ「令ム二子路ヲシテ問ハレ之ヲ」ではいけないのか、「令」を捨てて「使」を取る理由を整然と説明するのは困難です。

もっとも、使役の「使」と「令」ならば、いずれを選ぼうと、記す位置に変わりはないので、まだしもでしょう。これが、たとえば概数の「ばかり」になると、いっそう厄介な話になります。やはり《復文作業用資料》に見えるごとく、「許」「可」の二字とも「ばかり」と読むのですが、どちらを使うかで、語位まで変わってしまうからです。もし「漢《かん》を去《さ》ること万里《ばんり》ばかりなり」（漢＝王朝名）を「全五字」との条件だけで復文したら、どうなるか。「許」ならば数詞の下方に置いて「去ルコトレ漢ヲ万里許《ばか》リナリ」ですが、「可」は数詞の上方に置きますから「去ルコトレ漢ヲ可《ばか》リナリ二万里一」となります。用いるべきは「許」なのか「可」なのか、字種を指定しておかなければ、答が決まりません。後者「去ルコトレ漢ヲ可リナリ二万里一」（『史記』大宛列伝）が正解だと言っても、前者を捨て去る合理的な根拠は見当たらず、出題者の勝手な決め付けにしか聞こえないでしょう。むろん、「全五字」という条件付けがなければ、文末の「なり」が右のように送り仮名なのか、それとも漢字「也」に復元すべきなのか、ますます混乱することになります。

以上の四項からわかるとおり、復文の出題にさいしては、能《あた》うるかぎり解答のばらつきを防ぐべく、総字数を指定し、置き字の有無をはっきりさせ、置き字があるならば、どこにどの字を用いるのか、位置と字種を明示し、仮名書きの同訓異字についても字種を指示することが必要です。種々の復元の可能性を考察させる上級者用の練習でこそ条件付けを減らすことも可能であれ、差し当たり初級者用の練習を念頭に置く本書では、このような方針で復文の問題を提供することとします。

復文の手続き

では、いざ書き下し文を提示されたら、どのように臨めばよいのか。いずれ個人の流儀や好みも生じてくるでしょうが、まずは次のような手順を踏むのが最も着実にして能率的かと思います。

【A】　作業の手順

1　書き下し文の漢字数と、指定された総字数および置き字その他の条件を確認し、仮名書きの語を漢字に復元する必要があれば、書き下し文を熟視して、どの仮名書きの語を漢字に復元し得るか、その候補を考えておく。漢字に復元される可能性のある仮名書きの語については、《復文作業用資料》（→pp. 92–93）を参照。

2　助詞「ね」を付けつつ、書き下し文を文節に分かつ。

3　文節に分けた語句どうしの文法関係を検討して、文法関係ごとに原文を復元し、箇条書きにする。原文の語順については、左掲「【B】語順の組み立て方」を参照。

4　箇条書きにした文法関係がすべて満たされるように原文全体を復元する。これについても「【B】語順の組み立て方」を参照。

5　指定された総字数との一致を確認し、字数が不足する場合は、1で候補として考えておいた漢字に復元すべき仮名書き語を再吟味し、字数を調整する。

6　復元した原文に、書き下し文に従って返り点・送り仮名を付け、その訓読文と書き下し文との一致を確認する。

復文の作業そのものは1～5です。最後の6は単なる確認作業にすぎません。けれども、この確認作業を怠ると、思わぬ誤謬《ごびゅう》を見のがすおそれがありますので、ぜひ返り点の練習も兼ねて実践するよう心がけてください。どうにも返り点の打ちようがない原文に復元されているとすれば、復文の作業に何か誤りがあったものと考えられます。

最も肝腎なのは、3・4の作業です。これを正確にこなすためには、語順の組み立て方を心得ておかねばなりません。ただし、漢文の基本構造や復文における語順の変換規則は、すべて「I　入門篇」で説明しておきました。左に掲げるのは要点にすぎませんので、詳細について確認する必要が生じたときは、前篇を参照してください。

【B】　語順の組み立て方

1　a　**《構文原則》**構文の大原則は〈(S)　VO〉である。

b　**《語順変換規則》**語順の変換規則を大まかに示せば、〔V／(O and/or C and/or Q)〕変換および〔prep／N〕変換となる。細目は次のとおり。

▽・〔V／O〕変換　・〔V／C〕変換　・〔V／Q〕変換　・〔A／Q〕変換

・〔V／(OO)〕変換　・〔V／(OC)〕変換　・〔V／(OQ)〕変換

▽〔prep／N〕変換

2 a《**修飾原則**》修飾構造は、修飾語が上、被修飾語が下に位置し、〈修飾語＋被修飾語〉となる。

b《**修被直結原則**》修飾語と被修飾語は直接に結びつき、原則として両者のあいだの距離は0《ゼロ》。

c《「之《の》」**介入現象**》形容詞的修飾構造において、修飾語と被修飾語のあいだに「之《の》」が介入する場合がある。

d 副詞的修飾構造においては、前位副詞句のみならず、後位副詞句も生じ得る。

3 a《**英語相似律**》原文の語順が不明のときは、英語で表現した場合の語順を参考にする。

b《**日本語相似律**》文末助詞の語位は日本語と一致し、主部に位置する二つの名詞が日本語の〈ハ－ガ〉文に似た発想を示すこともある。

以上で復文作業に取りかかる準備はほぼ完了です。
ここで、いささか卑近に響くとはいえ、きわめて実用的な要領を一つ加えておきましょう。
主として【A】3に関わる内容です。

【C】《格言》「鬼《おに》と逢《あ》ったら返せ」

これは、漢文の訓読に関する有名な格言「鬼と逢ったら返れ」を、復文用に一字だけ変えた要領にすぎません。もともと「鬼と逢ったら返れ」は、〈格助詞「を・に・と」に出逢ったら、返り点に従って上方の動詞に返り読みせよ」との趣旨です。ということは、復文が返り点による返り読みと逆方向の作業を行う以上、それをそっくり借りて、〈格助詞「を・に・と」に出逢ったら、その下の動詞を上に置き、「を・に・と」の付いた語から返り読みするように語順を入れ換えよ〉との趣旨に手直しすれば、そのまま復文の骨法として通用するわけです。つまり、「鬼と逢ったら返せ」は、日本語の〈目的語＋動詞〉構造を、漢文の〈動詞＋目的語〉構造に変換するための要領、すなわち端的には〔V／O〕変換を発動するための要領にほかなりません。その典型は、次のような場合です。

・徳《とく》を懐《おも》ふ　→懐徳（懐レフ徳ヲ／『論語』里仁）
・桴《いかだ》に乗《の》る　→乗桴（乗レル桴ニ／『論語』公冶長）
・貴《たつと》しと為《な》す　→為貴（為レス貴シト／『論語』子罕）

　右は最も簡略な形式にすぎません。けれども、格助詞「を・に・と」を目安にして、その助詞どうしの組み合わせまで念頭に置くと、【B】1bに示した〔V／（O and/or C and/or Q）〕変換をほぼ覆うことができるのです。具体的には「I　入門篇」で確認してほしいのですが、復文における語順の変換規則を一般形で示せば、次のようになります。

・Oを**V**す　　↓V＋O（VレスOヲ）　　＝〔V／O〕変換
・Oに**V**す　　↓V＋O（VレスOニ）　　＝〔V／O〕変換
・Oと**V**す　　↓V＋O（VレスOト）　　＝〔V／O〕変換
・Qに**V**す　　↓V＋Q（VレスQニ）　　＝〔V／Q〕変換
・IOにDOを**V**す　　↓V＋IO＋DO（V二スIOニDO一ヲ）　　＝〔V／（OO）〕変換
・OをCと**V**す　　↓V＋O＋C（V二スOヲC一ト）　　＝〔V／（OC）〕変換
・OをQに**V**す　　↓V＋O＋Q（V二スOヲQ一ニ）　　＝〔V／（OQ）〕変換
・OにQに**V**す　　↓V＋O＋Q（V二スOニQ一ニ）　　＝〔V／（OQ）〕変換

「を・に・と」それぞれが単独で現れるだけでなく、その組み合わせ「に・を」「を・と」

「を・に」「に・に」なども姿を現します。《格言》「鬼《おに》と逢《あ》ったら返せ」の有効ぶりがわかるでしょう。むろん、場合によっては「を・に・と」があっても語順を変換しませんし、副詞「已《すで》に」「遂《つひ》に」あるいは「確乎《かっこ》として」「忽然《こつぜん》として」の「に」や「と」、また、接続詞もしくは前置詞の「与《と》」が仮名に身をやつした「と」とも無関係の話です。〔prep／N〕変換については、「Nを以て（す）」→以＋N（以レテ（ス）Nヲ）にしか通用しません。あくまで大ざっぱにして基礎的な目安を示すだけの《格言》ですので、念のため。

さらなる有効性の拡大を望む向きは、格助詞「より」をも付け加えて、「鬼と逢ふより返せ」と覚えてください。同じく一般形で示せば、「より」は左のようになります。やはり、いずれの例も「I　入門篇」で観察しました。

・QよりもAなり　↓A＋Q（AレナリQヨリモ）
＝〔A／Q〕変換　＊「より」＝than

・OをQよりVす　↓V＋O＋Q（V二スOヲQ一ヨリ）
＝〔V／（OQ）〕変換　＊「より」＝from

ただし、この「より」も、「兵《へい》を起《お》こしてより今《いま》に至《いた》るまで」（起レコシテヨリ兵ヲ至レルマデ今ニ／『史記』項羽本紀）の「より」や、前置詞「自《よ》リ」が仮名書きされた「より」とは別立ての話ですから、混同しないようにしてください。決してすべての「より」に通用する万能薬ではありません。

なお、日常の日本語では助詞を頻繁に省き、「これ大好き」と言ったり、特に新聞の見出しなどで「故郷　凱旋」「五人　猛火救出」と書いたりしますが、漢文では目的語・副詞句などに律儀《りちぎ》に助詞を加え、必ず「大いに之《これ》を好む」「故郷に凱旋す」「五人を猛火より救出す」のように訓読する習慣ですから、助詞が省略される可能性を警戒する必要はありません。それぞれ敢えて復文してみれば、「大イニ好ム㆑之ヲ」「凱㆓旋ス故郷㆒ニ」「救㆓出ス五人ヲ於《ゆ》猛火㆒ヨリ」となるでしょう。

二つの重要な心構え

最後に、復文にさいして絶対に忘れてはいけない心構えを二つ掲げておきます。多少とも復文に慣れてくれば、無意識のうちに身についてくるはずですが、出だしでつまづかないためには、どちらも大切な心構えです。

【D】　重要な心構え

1　**《仮名保存則》**不用意に仮名を消すことなかれ。

2　**《順行配置則》**なるべく書き下し文の語順どおりに語句を並べよ。

復文が、漢字仮名交じりの書き下し文を、漢字のみの原文に復元する作業であることは間違いない。しかし、だからといって、いきなり書き下し文の仮名文字を消し去り、何とか漢字を組み合わせようとしてはいけません。【A】3の「文節に分けた語句どうしの文法関係を検討する場面で、文法関係を確定する鍵となるのは仮名書きの部分、とりわけ助詞の類です。それは【C】《格言》に含まれる「を・に・と」が仮名書きの格助詞であることからも明らかでしょう。要するに、書き下し文の仮名書き部分には、原文を復元するための有益な情報が数多く盛り込まれているのです。仮名文字を漫然と捨て去ってはなりません。【A】6の「送り仮名を付け」る確認作業まで含めると、復文の作業は、最後まで書き下し文の仮名文字と付き合うことになります。「不用意に仮名を消すことなかれ」の重要性を十分に認識してください。

また、漢文と聞くと、返り点の印象が甚だ強いせいか、とにかく語順を引っ繰り返せばよいと思い込んでいる向きが少なくありません。それが復文にも禍《わざわい》し、書き下し文に見える漢字の順序をやたらに入れ換えたあげく、【A】6の確認作業で、どうにも返り点の付けようがなくなり、困り果ててしまう。しかし、ぜひ肝に銘じてください、基本的に必要な語順変換は、【B】1bに示したごとく、〔V／(O and/or C and/or Q)〕変換と〔prep／N〕変換だけなのです。それ以外については、「I　入門篇」の説明に繰り返し「書き下し文の語順を変換する必要はありません」と記したように、書き下し文に現れる順序のままに漢字を並べておけばよい。つまり、みだりに語順を入れ換えてはいけないのです。それは、裏を返せば「なるべく書き下し文の語順どおりに語句を並べよ」ということになります。復文は、むやみに語順を転倒させて漢字並べに現《うつつ》を抜かす作業ではありません。あくまで文法・語法を踏まえて、必要な箇所についてだけ語順を変換し、漢文の構造に対する感覚を研ぎ澄ましてゆく練習なのです。

以上【A】～【D】のごとく一般的な要領をまとめておけば、取り敢えずは安心して復文に取り組めることでしょう。あとは、実際の作業のなかで、各種の語法を会得し、個別の要領に習熟してゆくしかありません。

復文の作業例

それでは〔例題〕を一つ示し、復文の実際を観察してもらいましょう。それぞれの数字番号は【A】の作業手順1～6に相当します。

〔例題〕我《われ》善《よ》く吾《わ》が浩然《かうぜん》の気《き》を養《やしな》ふ。（全八字／置き字ナシ）

1　書き下し文の漢字数は七字、指定された総字数は八字ですから、仮名書きの語を一字だけ漢字に復元する必要があります。《復文作業用資料》（→pp. 92–93）に照らせば、助詞「の」が漢字に復元すべき有力な候補です。

2　助詞「ね」を付けつつ、書き下し文を文節に分けます。

→我（ね）／善く（ね）／吾が（ね）／浩然の（ね）／気を（ね）／養ふ。

3　上から下へと順を逐《お》って、文節どうしの文法関係を考えてゆきます。

・「我」がする動作は、動詞「養ふ」。

→《構文原則》により、ア「我養」となります。

・「善く」が掛かるのは、動詞「養ふ」。

→《修飾原則》により、イ「善養」となります。

・「吾が」が掛かるのは、名詞「気」。

→《修飾原則》により、ウ「吾気」となります。

・「浩然の」が掛かるのも、名詞「気」。

→《修飾原則》により、エ「浩然気」となります。

・「気を」は、《格言》に基づいて助詞「を」に着目すれば、動詞「養ふ」の目的語。

→〔V／O〕変換により、オ「養気」となります。

4　右で書き出したア「我養」・イ「善養」・ウ「吾気」・エ「浩然気」・オ「養気」がすべて満

たされるように原文を組み立ててゆきます。

・アとイを合成するには、「養」の上に「我」と「善」をどう並べるかが焦点となりますが、ここで重要なのが《修被直結原則》です。ア「我養」（ＳＶ）よりも、イ「善養」（修飾語＋被修飾語）のほうが結合力は強いと考えて差し支えありません。すなわち、ア＋イ＝「我善養」となります。

・ウ「吾気」とエ「浩然気」についても、「気」の上に「吾」と「浩然」をどう並べるかが問題となります。《修被直結原則》は、複数の修飾語の順序については何も語っていません。しかし、《順行配置則》を想い起こせば、事は単純そのものでしょう。ただ書き下し文「吾が浩然の気」の順序どおりに並べるだけ。すなわち、ウ＋エ＝「吾浩然気」となります。

・オ「養気」については、右で得られたウ＋エ＝「吾浩然気」との関係を解決せねばなりません。「気」の上に「養」と「吾浩然」をどう並べるか。しかし、ここでも《修被直結原則》を発動すれば、やはりオ「養気」（ＶＯ）よりも、ウ＋エ「吾浩然気」（修飾語＋被修飾語）のほうが密着度は高いと考えられるでしょう。すなわち、ウ＋エ＋オ＝「養吾浩然気」となります。

・右のア＋イ「我善養」とウ＋エ＋オ「養吾浩然気」を合成すれば、原文は「我善養吾浩然気」と復元できます。

5　指定された総字数は八字、右で得られた原文は「我善養吾浩然気」の七字。すなわち、一字だけ不足しています。そこで、1で漢字に復元すべき有力な候補としておいた助詞「の」を漢字「之」に改め、やはり《順行配置則》に従い、《「之《の》」介入現象》を念頭に置きつつ「我善養吾浩然之気」と書き加えます。「之《の》」が形容詞的修飾構造「吾浩然＋気」に介入していることを確認してください。

6　書き下し文を見すえつつ、復元した原文に返り点・送り仮名を付ければ「我善ク養フ二吾ガ浩然之気ヲ一」となります。すんなり返り点が付けられる一文で、不自然な印象はありません。念のため構文をも確認しておけば、「我(S) 善(adv) 養(V) 吾浩然之気(O)」すなわち第三文型＝ＳＶＯとなります。

以上が【Ａ】1～6に沿った復文の手続きです。最も重要な作業が【Ａ】3・4であることは、十分に理解してもらえたでしょう。《構文原則》や《格言》《語順変換規則》、とりわけ《修飾原則》と《修被直結原則》を大いに活用し、適宜に《順行配置則》をも動員して語順を確定するわけです。暗黙のうちに《仮名保存則》が適用されていることは、言うまでもありません。

もちろん、この〔例題〕よりも【A】3・4の過程がはるかに複雑な場合も多々あり、《英語相似律》まで起用しなければ解決できない復文問題も少なくありません。個々の語句にまつわる語法も、数え立てれば切りがない。けれども、作業の基礎的な進め方、語順の基本的な考え方は、ほぼ右の〔例題〕に関する説明に出尽くしています。

【A】1〜6の作業は、きわめて地道な手順をたどるだけに、少々まだるこしく感じられるかもしれません。しかし、復文に慣れてきさえすれば、原文の七〇〜八〇％は瞬時に復元できます。あとは、引っ掛かりを覚える些少の字句を調整するのみ。とはいえ、そのようなときも、結局は右に記したような種々の基本事項に立ち返ってくるのです。あくまでも基礎をおろそかにしないようにしてください。

なお、つまらぬ注意ながら、【A】1の作業において書き下し文の漢字数を確認するときは、くれぐれも慎重に願います。数え間違えたが最後、【A】5の字数調整で無理を犯さざるを得なくなり、苦し紛れの誤答を記すはめに陥ってしまいますので。むろん、自ら作成した解答の字数を数え間違えても、すべてが水の泡。字数に関わる誤りを防ぐには、字の数えやすい原稿用紙を使うのが安全です。

基礎事項確認問題

＊解説&解答　→pp. 116–133

では、本篇のまとめとして、次の十題をこなしてみましょう。全三字から全十字へと総字数が増してゆきますが、字数の長短は本質的な事柄ではありません。あくまでも語順の組み立て方に意識を集中してください。以下、本書すべての練習問題について、つぶやく程度の小声でも結構ですから、問題文を音読しつつ練習することをお勧めします。

《Q1》天《てん》を怨《うら》みず。（全三字／置き字ナシ）

《Q2》間《かん》髪《はつ》を容《い》れず。（全四字／置き字ナシ）

《Q3》光陰《くわういん》箭《や》の如《ごと》し。（全四字／置き字ナシ）

《Q4》臣《しん》始《はじ》めて境《きやう》に至《いた》る。（全五字／第四字＝置き字「於」）

□□□□□

《Q5》其《そ》の民《たみ》を河東《かとう》に移《うつ》す。（全六字／第四字＝置き字「於」）　○河＝黄河。

□□□□□□

《Q6》百聞《ひやくぶん》は一見《いつけん》に如《し》かず。（全六字／置き字ナシ）

□□□□□□

《Q7》冉子《ぜんし》之《これ》に粟五秉《ぞくごへい》を与《あた》ふ。（全七字／置き字ナシ）

○冉子＝人名。　○粟＝穀物。　○秉＝容量の単位。

□□□□□□□

《Q8》子貢《しこう》民《たみ》を治《をさ》むるを孔子《こうし》に問《と》ふ。（全八字／第六字＝置き字「於」）　○子貢・孔子＝人名。

□□□□□□□□

《Q9》父《ちち》の臣《しん》と父《ちち》の政《せい》とを改《あらた》めず。（全九字／置き字ナシ）

□□□□□□□□□

《Q10》人《ひと》の短《たん》を道《い》ふこと無《な》かれ、己《おのれ》の長《ちやう》を説《と》くこと無《な》かれ。（全十字／置き字ナシ）

□□□□□、□□□□□

これで基礎篇は終わりです。次篇では、漢文に頻出する語句を中心に練習し、復文力の一層の向上を図ることにします。

◇基礎篇《Q1》〜《Q10》解説&解答

基礎事項確認問題《Q1》〜《Q10》解説&解答

各問題の解説に記す数字番号は、【A】作業の手順1〜6（→p.100）に相当します。
解答の〔確認用訓読文〕に時おり「孔子」「斉」のような左傍直線を付けますが、この「○○」は人名符号と呼ばれるもので、人名・国名・地名・王朝名・時代名などを示します。アルファベットと異なり、漢字は大文字・小文字の区別がないため、固有名詞がわかりづらいので、無用な負担を軽減すべく、固有名詞を視覚的に判別できるようにする措置です。そのほか「論語」「長恨歌」のごとく左傍波線を付けて書名・詩題・作品名などを明示することもあり、この「○○」は書名符号と呼びますが、本書には登場しません。以下、固有名詞に関する措置は、すべての〔確認用訓読文〕に共通します。

《Q1》天《てん》を怨《うら》みず。（全三字／置き字ナシ）

1　書き下し文の漢字数は二字、復元すべき原文は三字ですから、仮名書きの語を漢字一字に書き直す必要があります。「ず」を「不」に改めればよいことは、すぐ見抜けるでしょう。

2　助詞「ね」を付けて「天を（ね）／怨みず」と文節に分かちます。

3　《格言》に基づいて「天を」の助詞「を」に着目し、動詞「怨む」とのあいだに〔V／O〕変換を加えます。また「怨みず」は動詞「怨む」の否定ですから、《修飾原則》により、否定の副詞「不」を修飾語として、被修飾語の動詞「怨」にかぶせればよいでしょう。つまり、次の二つの組み合わせが成り立ちます。

▽「天を怨む」↓怨天　▽「怨みず」↓不怨

4　二つの組み合わせそれぞれをこわさぬように原文を組み上げます。

▼怨天＋不怨＝不怨天

5　右で得られた原文「不怨天」が問題の条件「全三字／置き字ナシ」を満たしていることをたしかめます。

6　確認のため、返り点・送り仮名を付けて訓読文を作成します。

【A 1】

不	怨	天

〔確認用訓読文〕不レ怨ミレ天ヲ（『論語』憲問）

〔構文分析〕不(adv) 怨(V) 天(O)　＝第三文型

補説　動詞「怨《うら》む」を否定した「うらみず」には違和感を覚えるかもしれません。四段活用

「うらむ」の未然形に打消の助動詞「ず」を付ければ、「うらまず」となるはずですから。けれども、「うらむ」は、もと上二段活用でした。漢文訓読では、未然形にだけは旧《ふる》い上二段活用を残し、「不ㇾ怨ミ」＝「うらみず」と訓ずるのが通例です。ちなみに、同様の例に「忍《しの》ぶ」があり、やはり打消の助動詞「ず」を付けると「不ㇾ忍ビ」＝「しのびず」となります。一般に「しのばず」とは読みません。「うらみず」「しのびず」は、漢文訓読特有の言い回しとして記憶してください。

《Q2》間《かん》髪《はつ》を容《い》れず。（全四字／置き字ナシ）

1　書き下し文の漢字数は三字、復元すべき原文は四字ですから、仮名書きの語を漢字一字に書き直す必要があります。やはり「ず」を「不」を改めればよいことは、ただちに察知できるでしょう。

2　助詞「ね」を付けて「間（ね）／髪を（ね）／容れず」と文節に分かちます。

3　名詞「間」が動詞「容る」の主語ですから、《構文原則》によって「間容」となります。また《格言》に従って「髪を」の助詞「を」に着目し、動詞「容る」とのあいだに〔V／O〕変換をほどこします。さらに「容れず」は、動詞「容る」を否定していますので、《修飾原則》により、否定の副詞「不」を修飾語として、被修飾語の動詞「容」に冠すればよい。つまり、次の三つの組み合わせが成り立ちます。

▽「間～容る」↓「間容」　▽「髪を容る」↓容髪　▽「容れず」↓不容

4　三つの組み合わせそれぞれを保つように原文を合成します。動詞「容」の上に置くべき語は主語「間」と副詞「不」の二つですが、《修被直結原則》により、修飾語「不」を被修飾語「容」に密着させます。

▼間容＋容髪＋不容＝間不容髪

5　右で得られた原文「間不容髪」が問題の条件「全四字／置き字ナシ」を満たしていることをたしかめます。

6　確認のため、返り点・送り仮名を付けて訓読文を作成します。

【A２】

間	不	容	髪

〔確認用訓読文〕間不レ容レレ髪ヲ　（〔漢〕枚乗「上書諫呉王」）

〔構文分析〕間(S) 不(adv) 容(V) 髪(O)　＝第三文型

補説　この四字は、ふつう「間髪（かんぱつ）を容《い》れず」と発音されますが、本来「間髪」を一語のように扱うのは誤りです。もし「間髪」が一語であれば、原文は「不容間髪」（不レ容二間髪一ヲ）となるはずですが、これでは意味が通じません。

《Q3》 光陰《くわういん》箭《や》の如《ごと》し。（全四字／置き字ナシ）

1　書き下し文の漢字数は四字、復元すべき原文も四字ですから、書き下し文の漢字を適切に並べるだけの問題です。

2　助詞「ね」を付けて「光陰（ね）／箭の（ね）／如し」と文節に分かちます。

3　名詞「光陰」が「～如し」というのですから、「光陰」が主語、「如し」が述部の中核語だろうとの見当がつきます。この「如」は、「I　入門篇」の例文04・05に見えた「為」や「是」（→pp. 31–32）などの繫辞《けいじ》 **copula** に準ずる語ですので、本書では連結動詞 **linking verb** すなわち動詞として扱います。となれば、名詞「箭」が補語となるのは明らかでしょう。つまり、次の二つの組み合わせが成り立ちます。

▽「光陰～如し」→光陰如　▽「箭の如し」→如箭

4　二つの組み合わせそれぞれをこわさぬように原文を組み立てます。

▼光陰如＋如箭＝光陰如箭

5　右で得られた原文「光陰如箭」が問題の条件「全四字／置き字ナシ」を満たしていることをたしかめます。

6　確認のため、返り点・送り仮名を付けて訓読文を作成します。

【A３】

光	陰	如	箭

〔確認用訓読文〕光陰如レシ箭ノ（〔宋〕蘇軾《行香子》「秋興」詞）

〔構文分析〕光陰(S)｜如(V)｜箭(C)　＝第二文型

《Q４》臣《しん》始《はじ》めて境《きやう》に至《いた》る。（全五字／第四字＝置き字「於」）

１　書き下し文の漢字数は四字、復元すべき原文は五字ですから、漢字を一字だけ補う必要がありますが、問題に「第四字＝置き字「於」」との条件がありますので、仮名書きの語を自ら漢字に復元するには及びません。

２　助詞「ね」を付けて「臣（ね）／始めて（ね）／境に（ね）／至る」と文節に分かちます。

３　冒頭の名詞「臣」が主語であることに異論はないでしょう。《構文原則》によって動詞「至る」と組み合わせ、「臣至」とします。副詞「始めて」が動詞「至る」に掛かりますから、《修飾原則》により「始至」。また、《格言》に基づいて「境に」の助詞「に」に着目し、動詞「至る」とのあいだに〔V／O〕変換を加えれば「至境」となります。ただし、問題の条件に「第四字＝置き字「於」」とありますので、名詞「境」に場所を表す前置詞「於」をかぶせ、後位副詞句「於境」とすればよい。つまり、次の三つの組み合わせが成り立ちます。

▽「臣〜至る」→臣至　▽「始めて〜至る」→始至　▽「境に至る」→至於境

4　三つの組み合わせそれぞれをくずさぬように原文を組み上げます。例のとおり《修被直結原則》により、主語「臣」ではなく、修飾語「始」が被修飾語「至」に密着します。

▼臣至＋始至＋至於境＝臣始至於境

5　右で得られた原文「臣始至於境」が問題の条件「全五字／第四字＝置き字「於」」を満たしていることをたしかめます。

6　確認のため、返り点・送り仮名を付けて訓読文を作成します。

臣	始	至	於	境	5

【A4】

〔確認用訓読文〕臣始メテ至ル二於φ境ニ一（『孟子』梁恵王下）

〔構文分析〕臣S｜始adv｜至V｜於境Q　＝第一文型

《Q5》其《そ》の民《たみ》を河東《かとう》に移《うつ》す。（全六字／第四字＝置き字「於」）

1　書き下し文の漢字数は五字、復元すべき原文は六字ですから、漢字を一字だけ補う必要がありますが、問題に「第四字＝置き字「於」」との条件がありますので、仮名書きの語を自ら漢字に復元する必要はありません。

2　助詞「ね」を付けて「其の（ね）／民を（ね）／河東に（ね）／移す」と文節に分かちます。

3　「其の」が「民」に掛かることに疑問の余地はないでしょうから、《修飾原則》により「其民」とします。「其の」の「の」は必ず送り仮名「其ノ」となり、「其之《の》」と復元する可能性はありません。また《格言》に基づいて「民を」の助詞「を」に着目し、動詞「移す」とのあいだに〔V／O〕変換をほどこせば「移民」となります。さらに、再び《格言》に基づいて「河東に」の助詞「に」に着目し、動詞「移す」とのあいだに〔V／O〕変換を加えれば「移河東」が得られます。ただし、問題の条件に「第四字＝置き字「於」」とありますので、名詞「河東」に場所を表す前置詞「於」をかぶせ、後位副詞句「於河東」とすればよい。つまり、次の三つの組み合わせが成り立ちます。

▽「其の民」→其民　▽「民を〜移す」→移民　▽「河東に移す」→移於河東

4　三つの組み合わせそれぞれを保つように原文を組み上げます。「其」と「移」の両者を「民」の上に置く必要があるものの、例の《修被直結原則》により、「民」に密着するのは修飾語「其」のほうです。残る問題は、動詞「移」の下方に「其民」と「於河東」をどのような順序で並べるかですが、想い起こしてください、こうしたときは、単純に《順行配置則》に従い、書き下し文に現れる順序どおりに語句を並べておけばよいのです。すなわち、結果として〔V／(OQ)〕変換を加えることとなり、「其民」を上、「於河東」を下に置きます。

▼其民＋移民＋移於河東＝移其民於河東

5　右で得られた原文「移其民於河東」が問題の条件「全六字／第四字＝置き字「於」」を満たしていることをたしかめます。

6　確認のため、返り点・送り仮名を付けて訓読文を作成します。

【A5】

移	其	民	於	河	東

〔確認用訓読文〕移二ス其ノ民ヲ於φ河東一ニ（『孟子』梁恵王上）

〔構文分析〕移（V）　其民（O）　於河東（Q）　＝第三文型

《Q6》百聞《ひゃくぶん》は一見《いっけん》に如《し》かず。（全六字／置き字ナシ）

1　書き下し文の漢字数は五字、復元すべき原文は六字ですから、仮名書きの語を漢字一字に書き直す必要があります。例によって「ず」を「不」に改めればよいとの見当がつくでしょう。

2　助詞「ね」を付けて「百聞は（ね）／一見に（ね）／如かず」と文節に分かちます。

3　名詞「百聞」が「如く」というのですから、「百聞」が主語、「如」が述部の中核語だろうとの見当がつきます。この「如」（「及ぶ、匹敵する」意）は、《Q3》の連結動詞「如」（「〜

のようだ」の意）とは異なり、純然たる動詞として扱えます。となれば、《格言》に基づいて「一見に」の助詞「に」に着眼し、動詞「如く」とのあいだに〔Ｖ／Ｏ〕変換を加えれば「如一見」が得られます。むろん、「如かず」は、否定の副詞「不」を修飾語として動詞「如」に冠すればよい。つまり、次の三つの組み合わせが成り立ちます。

▽「百聞は〜如く」→百聞如　▽「一見に如く」→如一見　▽「如かず」→不如

4　三つの組み合わせそれぞれをこわさぬように原文を組み立てます。「如」の上に「百聞」と「不」を置く必要がありますが、またもや《修被直結原則》により、「如」に密着するのは、修飾語の副詞「不」です。

▼百聞如＋如一見＋不如＝百聞不如一見

5　右で得られた原文「百聞不如一見」が問題の条件「全六字／置き字ナシ」を満たしていることをたしかめます。

6　確認のため、返り点・送り仮名を付けて訓読文を作成します。

【Ａ６】

百	聞	不	如	一	見

〔確認用訓読文〕百聞ハ不レ如カ二一見ニ一（『漢書』趙充国伝）

〔構文分析〕百聞（S）｜不（adv）｜如（V）｜一見（O）　＝第三文型

《Q7》冉子《ぜんし》之《これ》に粟五秉《ぞくごへい》を与《あた》ふ。（全七字／置き字ナシ）

1　書き下し文の漢字数は七字、復元すべき原文も七字ですから、書き下し文の漢字を適切に並べるだけの問題です。

2　助詞「ね」を付けて「冉子（ね）／之に（ね）／粟五秉を（ね）／与ふ」と文節に分かちます。

3　人名「冉子」が主語、「与ふ」が動詞であることは一目瞭然でしょう。そして、動詞「与ふ」が授与動詞だとわかれば、「之に」の助詞「に」から「之」が間接目的語、「粟五秉を」の助詞「を」から「粟五秉」が直接目的語であることは看て取りやすいと思います。問題は、動詞「与」の下方に間接目的語「之」と直接目的語「粟五秉」をどう並べるかですが、《Q5》と同じく、あっさり《順行配置則》を適用し、書き下し文に現れる順序どおりに語句を並べておけばよいでしょう。すなわち「之」を上に、「粟五秉」を下に置き、結果として〔V／（OO）〕変換をほどこすことになります。つまり、次の二つの組み合わせが成り立つわけです。

▽「冉子〜与ふ」→冉子与　▽「之に粟五秉を与ふ」→与之粟五秉

4　二つの組み合わせそれぞれを保つように原文を組み上げます。

▼冉子与＋与之粟五秉＝冉子与之粟五秉

5　右で得られた原文「冉子与之粟五秉」が問題の条件「全七字／置き字ナシ」を満たしてい

ることをたしかめます。

6　確認のため、返り点・送り仮名を付けて訓読文を作成します。

【A７】

冉	子	与	之	粟	五	秉

〔確認用訓読文〕冉子与二フ之ニ粟五秉一ヲ（『論語』雍也）

〔構文分析〕冉子（S）与（V）之（IO）粟五秉（DO）＝第四文型

《Q８》子貢《しこう》民《たみ》を治《をさ》むるを孔子《こうし》に問《と》ふ。（全八字／第六字＝置き字「於」）

1　書き下し文の漢字数は七字、復元すべき原文は八字ですから、漢字を一字だけ補う必要がありますが、問題に「第六字＝置き字「於」」との条件がありますので、仮名書きの語を自ら漢字に復元するには及びません。

2　助詞「ね」を付けて「子貢（ね）／民を（ね）／治むるを（ね）／孔子に（ね）／問ふ」と文節に分かちます。

3　人名「子貢」が「問ふ」のですから、「子貢」が主語、「問ふ」が動詞であることは、容易に判断できます。また《格言》によって、「民を」の助詞「を」から、名詞「民」は動詞「治む」の目的語、同じく「治むるを」の助詞「を」から、動詞「治む」が動詞「問ふ」の目的語だろうとの見当がつきます。さらに、「孔子に」の助詞「に」から、「孔子」も動詞「問ふ」に関係する語であることは明らかでしょう。問題の条件になっている置き字「於」が前置詞として名詞「孔子」を従え、後位副詞句を形成するのです。結局、次の四つの組み合わせが成り立ちます。

▽「子貢〜問ふ」→子貢問　▽「民を治む」→治民　▽「治むるを問ふ」→問治

▽「孔子に問ふ」→問於孔子

4　四つの組み合わせそれぞれをこわさぬように原文を組み上げます。問題となるのは、動詞「問」の下方に並べる語句の順序ですが、《Q5》《Q7》と同じく《順行配置則》に従い、書き下し文に現れる順序どおりに語句を並べるだけです。結果として〔V／（OQ）〕変換を適用することになります。

▼子貢問＋治民＋問治＋問於孔子＝子貢問治民於孔子

5　右で得られた原文「子貢問治民於孔子」が問題の条件「全八字／第六字＝置き字「於」」を満たしていることをたしかめます。

6　確認のため、返り点・送り仮名を付けて訓読文を作成します。

【A8】

子	貢	問	治	民	於	孔	子

〔確認用訓読文〕子貢問フ㆓治ムルヲ㆑民ヲ於孔子ニ㆒（『説苑』政理）

〔構文分析〕子貢(S) 問(V) 治民(O) 於孔子(Q)　＝第三文型

補説　この問題は、二つの「を」の処理が要点《ポイント》です。「民を治む」はわかりやすいでしょうが、もしかすると「治むるを問ふ」には戸惑ったかもしれません。動詞「治」が同じく動詞「問」の目的語になるというのでは、一見、文法的に整合性が取れないように見えるからです。しかし、これは漢字の性質上、語形変化がなく、品詞の転換が明示されないためであり、実のところ、動詞「治」は、英語で言えば動名詞〈**governing**〉あるいは不定詞の名詞用法〈**to govern**〉に相当するのです。そう考えれば、「治」が「問」の目的語になるのも不思議ではないでしょう。

《Q９》父《ちち》の臣《しん》と父《ちち》の政《せい》とを改《あらた》めず。（全九字／置き字ナシ）

1　書き下し文の漢字数は五字、復元すべき原文は九字、しかも「置き字ナシ」との指示ですから、仮名書きの語を漢字四字に書き改める必要があります。二つの「の」に「之」、末尾の「ず」に「不」を当てるのはよいとしても、もう一字はどうするか。取り敢えずは懸案として保留しておきます。

2　助詞「ね」を付けつつ「父の（ね）／臣と（ね）／父の（ね）／政とを（ね）／改めず」と文

節に分かちます。

3　二つの「父」がそれぞれ「臣」と「政」に掛かる修飾語であることは、すぐに見抜けるでしょう。《格言》に基づけば、「〜を改む」の助詞「を」から、動詞「改む」が目的語を取ることもわかります。「改めず」が「不改」となることは、言うまでもありません。問題は動詞「改む」の目的語の構成です。ここで思い出してほしいのは、接続詞「与」が二つの要素X・Yを並列して「Xト与《と》レY」（XとYと）となること（→p. 50）です。「父の臣と父の政と」と引き比べてみれば、Xが「父の臣」、Yが「父の政」だとわかるでしょう。その字句すべてが助詞「を」を介して、動詞「改む」の目的語となる。つまり、次の五つの組み合わせができあがります。

▽「父の臣」→父臣　▽「父の政」→父政　▽「改めず」→不改

▽「父の臣と父の政と」→父臣与父政

▽「父の臣と父の政とを改む」→改父臣与父政

4　五つの組み合わせそれぞれを保つように原文を組み上げます。

▼父臣＋父政＋不改＋父臣与父政＋改父臣与父政＝不改父臣与父政

5　右で得られた原文「不改父臣与父政」が問題の条件「全九字／置き字ナシ」を満たしているかをたしかめると、二字だけ不足しているので、1で考えておいたとおり、二つの「の」

を漢字「之」に書き換えて「不改父之臣与父之政」とします。

6　確認のため、返り点・送り仮名を付けて訓読文を作成します。

【A９】

不	改	父	之	臣	与	父	之	政

〔確認用訓読文〕不レ改三メ父之臣ト与《と》二ヲ父之政一（『論語』子張）

〔構文分析〕不(adv) 改(V) 父之臣与父之政(O)　＝第三文型

《Q10》人《ひと》の短《たん》を道《い》ふこと無《な》かれ、己《おのれ》の長《ちやう》を説《と》くこと無《な》かれ。（全十字／置き字ナシ）

1　書き下し文の漢字数は八字、復元すべき原文は十字ですから、仮名書きの語を漢字二字に書き改める必要があります。二つの「の」を「之」に書き換える可能性を念頭に置いておきましょう。二つの「こと」を「事」に書き改めても字数は合いますが、書き下し文において、名詞「事」が「こと」と仮名書きされる可能性はありません。書き下し文で仮名書きになるのは、あくまで日本語の助詞・助動詞を当てて訓ずる語だけです。

2　助詞「ね」を付けつつ「人の（ね）／短を（ね）／道ふこと（ね）／無かれ、己の（ね）／長を（ね）／説くこと（ね）／無かれ」と文節に分かちます。

3　「人の」「己の」がそれぞれ「短」「長」に掛かる修飾語であることは、容易にわかります。

また《格言》により、「短を」「長を」の助詞「を」から、おのおの動詞「道」「説」の目的語になることもわかりやすいでしょう。問題は二つの禁止命令「無かれ」ですが、これは前述のとおり（→p. 42）英語の禁止命令〈Do not〉に同じく、動詞の直前に置かれ、多くは文頭に位置しますので、《英語相似律》により、それぞれ動詞「道」「説」に冠しておけばよいのです。つまり、次の六つの組み合わせができあがります。

▽「人の短」→人短　▽「己の長」→己長

▽「短を道ふ」→道短　▽「長を説く」→説長

▽「道ふこと無かれ」→無道　▽「説くこと無かれ」→無説

4　六つの組み合わせそれぞれをくずさぬように原文を組み上げます。「短」「長」おのおのの上に「人」と「道」、「己」と「説」を記す必要が生じますが、もはや語順は明らかでしょう。例のごとく《修被直結原則》により、修飾語「人」「己」のほうが、動詞「道」「説」よりも、被修飾語「短」「長」との密着度が高いのです。

▼人短＋己長＋道短＋説長＋無道＋無説＝無道人短、無説己長

5　右で得られた原文「無道人短、無説己長」が問題の条件「全十字／置き字ナシ」を満たしているかをたしかめると、二字だけ不足しているので、1で考えておいたように、二つの「の」を漢字「之」に書き換えて「無道人之短、無説己之長」とします。

6　確認のため、返り点・送り仮名を付けて訓読文を作成します。お気づきのとおり、本問は「全十字」の問題とはいえ、実質は「全五字」の問題を二つ重ねただけです。

【A10】

無	道	人	之	短	、	無	説	己	之	長

〔確認用訓読文〕無《カレ》レ道《フコト》二人之短《ヲ》一、無《カレ》レ説《クコト》二己之長《ヲ》一（〔漢〕崔瑗「座右銘」）

〔構文分析〕無(aux)道(V)人之短(O)、無(aux)説(V)己之長(O)　＝第三文型＋第三文型

Ⅲ　修練篇

本篇からは、個別の語句に焦点を絞った練習に入りましょう。取り上げる語句は少数にとどまるものの、すべて漢文で多用される語句ですので、それぞれの訓法が確認できる点でも少なからず有益かと思います。

修練問題１　置き字「而」〔付〕「以」

＊解説&解答　→pp. 172–178

漢文には、しばしば置き字として接続詞「而」が現れるため、「而」の扱いに慣れておくことは、復文にとって必須です。とはいえ、実のところ、「而」を含む文は、復文の方針が立てやすい。なぜなら、「而」があると、たいてい直前の送り仮名に接続助詞「て」を付けて訓読することになっているからです。「而」を置き字として読まない代わりに、「而」が持つ接続機能を、送り仮名の接続助詞「て」に反映させるのだと考えればよいでしょう。一般には、「而」の上下それぞれに動詞が入り、次のような形になります。

V_1《シテ》而《φ》V_2《ス》　→V_1してV_2す

右の「して」は、動詞の代表として用いたサ変動詞の連用形「し」に接続助詞「て」が付いたものですので、サ変動詞以外の動詞が現れれば、必ずしも「して」になるとは限りません。

けれども、この「して」は、漢文訓読で愛用される語で、V_1が否定されて「不V_1」になると、「不」の読み「ず」に機械的に「して」を送って「而」を飛び越えることになっています。

不レシテV_1セ而φV_2ス　↓V_1せずしてV_2す

また、「而」の上方に入る語は動詞とは限らず、場合によっては名詞や形容詞が入ることもあります。その場合は、さらに格助詞「に」を冠して、「にして」という言い回しを使うことになっています。

N〔A〕ニシテ而φVス　↓N〔A〕にしてVす

復文にさいしては、接続助詞「て」に着目し、「(ず)して」「にして」と読んだ直後に置き字「而」を飛び越すよう原文を組み立てればよいということになります。

では、右の三つの一般形を念頭に置いて、《Q11》～《Q17》に挑戦してみてください。

《Q11》仁《じん》を求《もと》めて仁《じん》を得《え》たり。（全五字／第三字＝置き字「而」）

《Q12》述《の》べて作《つく》らず、信《しん》じて古《いにしへ》を好《この》む。（全八字／第二・六字＝置き字「而」）

《Q13》君子《くんし》は和《わ》して同《どう》ぜず、小人《せうじん》は同《どう》じて和《わ》せず。（全十二字／第四・十字＝置き字「而」）

《Q14》千里《せんり》を遠《とほ》しとせずして来《き》たる。（全六字／第五字＝置き字「而」）

《Q15》上《かみ》を犯《をか》すことを好《この》まずして乱《らん》を作《な》すことを好《この》む。（全八字／第五字＝置き字「而」）

《Q16》事《こと》に敏《びん》にして言《げん》に慎《つつし》む。（全七字／第二・六字＝置き字「於」／第四字＝置き字「而」）

《Q17》君子《くんし》は矜《きょう》にして争《あらそ》はず、群《ぐん》して党《たう》せず。（全十字／第四・八字＝置き字「而」）

以上が「而」に関する復文練習ですが、一つ注意を付け加えておきます。それは、「而」の上下の意味内容が逆接になると、「而」の直前に、接続助詞「て」ではなく、接続助詞「ども」が現れる場合もあるということです。接続助詞の「て」が「ども」になるだけで、復文の要領それ自体に変わりはありません。一題だけ練習しておきましょう。

《Q18》視《み》れども見《み》えず、聴《き》けども聞《き》こえず。（全八字／第二・六字＝置き字「而」）

〔付〕「以」

ここで、「而」と同じく接続詞として用いられる「以」についても少し練習しておきましょう。「以」は、前置詞として「以レテNヲ」（Nを以《もっ》て）のように助詞「を」の付いた名詞から返って読むように使われることが多いのですが、名詞を伴わない単独の「以テ」が現れることも決して珍しくありません。この「以テ」には、二つの用法があります。一つは、「以レテNヲ」の「Nヲ」が省略された前置詞の「以テ」で、自ら代名詞「之《これ》」を補って「以レテ之ヲ」に書き直し、文脈から代名詞「之」の指示内容を考えます。もう一つは、ここで扱う単用の「以テ」で、接続詞「而」と同じように使われます。もちろん、「而」が置き字であるのに対し、「以」は置き字にならず、必ず「以《もっ》テ」と発音します。

　単用の「以テ」が、あくまで下方の名詞を省略しただけの前置詞なのか、それとも「而」と同じく接続詞なのかは、かなり微妙な問題で、いずれにも解せる場合が少なくありません。ただし、次の二題に見える「以て」は取り敢えず「而」と同様に接続詞だと考えて差し支えないでしょう。復文の要領は、「而」とまったく同じです。

《Q19》一《いっ》を聞《き》きて以《もっ》て十《じふ》を知《し》る。（全五字／置き字ナシ）

《Q20》己《おのれ》を修《をさ》めて以《もつ》て百姓《ひやくせい》を安《やす》んず。（全六字／置き字ナシ）

＊解説&解答　→pp. 178–184

修練問題2　存在表現「有」「無」

次の練習は、「有」「無」を用いる存在表現です。日本語でも「有利」「無罪」などの漢語表現を常用していますので、存在するもの・存在しないものの上に「有」または「無」をかぶせればよいことは、無意識のうちに承知していることでしょう。要するに、日本語は「Nがある」「Nがない」のごとく文末で存在するのかしないのかを表現しますが、漢文では「有リ㆑N」「無シ㆑N」のようになるべく文頭で存在するか否かを表現しようとする傾向が強いわけです。差し当たり、漢文の「有」「無」は、英語の〈there is (no)…〉と似たような語位を占めるものと心得ておけばよいでしょう。

ただし、品詞には注意が必要です。訓読では、存在を表す「有」にラ変動詞「あり」を、不在を表す「無」に形容詞「なし」を当てるため、両者の品詞にばらつきが生じますが、漢文すなわち古典中国語としては、どちらも動詞と考えてください。むろん、〈there is (no)…〉と同じような語位に立つとはいえ、副詞〈there〉とも品詞が異なります。

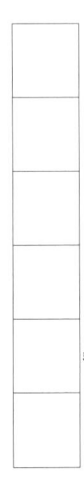

まずは、基本問題を三つ練習してみましょう。

《Q21》徳《とく》は孤《こ》ならず、必《かなら》ず鄰《となり》有《あ》り。（全六字／置き字ナシ）　○鄰＝隣。

《Q22》可《か》も無《な》く不可《ふか》も無《な》し。（全五字／置き字ナシ）

《Q23》人《ひと》にして遠《とほ》き慮《おもんぱか》り無《な》ければ、必《かなら》ず近《ちか》き憂《うれ》へ有《あ》り。（全九字／第二字＝置き字「而」）

ここで、存在表現にまつわる事柄として、「有」と「在」の相違を確認しておきましょう。いずれも「あり」と訓じて存在を表しますが、文法上の振る舞いは大きく異なります。存在する場所・位置・範囲などを表す語をＬと置き、存在するものをＮと置くと、両者の一般形は左のとおりです。

L ニ有レリ N　↓ LにN有《あ》り
N在レリ L ニ　↓ N　Lに在《あ》り

「有」と「在」とで、LとNの語位が上下逆さまになっています。どちらも存在表現ですが、英語で言えば、「有」が〈there is...〉に相当するのに対し、「在」は〈be, exist〉などに当たるでしょう。実は、存在表現としての性質も異なり、「有」を用いる場合、Nは、不定冠詞〈a〉を伴うような名詞、つまり文脈に初めて現れる未知の〈新情報〉であることが一般ですが、「在」を使う場合、Nは、定冠詞〈the〉を伴うような名詞、すなわち文脈その他から容易に察せられる既知の〈旧情報〉であることが通例です。

右を踏まえて、次の二題をこなしてみてください。いずれにも「有」と「在」の両者が含まれています。

《Q24》天下《てんか》に道《みち》有《あ》れば、則《すなは》ち政《まつりごと》大夫《たいふ》に在《あ》らず。（全十字／置き字ナシ）

□□□□、□□□□□□

《Q25》死生《しせい》 命《めい》有《あ》り、富貴《ふうき》 天《てん》に在《あ》り。（全八字／置き字ナシ）

□□□□、□□□□

もう一つ、「有」「無」の存在表現に関する構文上の変形を示しておきましょう。それは、「Lニ有リ（無シ）レN」（LにN有り（無し））のLを、前置詞「於」を用いて後位副詞句「於L」とする構文で、一般形は次のようになります。やはり、Lは存在する場所・位置・範囲などを表す語、Nは存在する（しない）ものを表します。

有レリN二於φL一ニ　→LにN有《あ》り

無レシN二於φL一ニ　→LにN無《な》し

すぐ気づくように、書き下し文は、Lを前位副詞とする「Lニ有リ（無シ）レN」（LにN有り（無し））の場合とまったく同じ。復文に当たって両者を見分けるには、置き字の前置詞「於」の有無を手がかりにするしかありません。三題だけ練習しておきましょう。

《Q26》此《ここ》に人《ひと》有《あ》り。（全四字／第三字＝置き字「於」）

《Q27》斯《ここ》に美玉《びぎょく》有《あ》り。（全五字／第四字＝置き字「於」）

《Q28》功《こう》は天下《てんか》に二《に》無《な》し。（全六字／第四字＝置き字「於」）

修練問題3　助動詞類

＊解説&解答　→pp. 184–200

続けて、助動詞について練習しましょう。英語の助動詞と同じく、漢文の助動詞は動詞に先行し、〈助動詞＋動詞〉の語順を取ります。副詞が動詞を修飾するときは、例の《修被直結原則》によって修飾語の副詞と被修飾語の動詞を密着させせなければいけませんので、〈助動詞＋副詞＋動詞〉の語順になります。

以下、まずは「能」「可」「得」の三つを練習しましょう。補充練習として、「可」については「可以」「足以」、「得」については「得而」をも扱い、さらに再読文字にも手を伸ばします。実のところ、再読文字は、そのほとんどが助動詞だからです。また、助動詞ではなく、純然たる動詞ではありますが、後方に動詞を伴う点で、文法上の振る舞いが助動詞に似ているため、「欲」をも同列に並べて練習の対象とします。こうした語句の復文に通じておきさえすれば、他の助動詞「敢ヘテ」（敢《あ》へて）「肯ヘテ」（肯《あ》へて）などにも容易に対応できるでしょう。

注意すべきは、漢文の助動詞に日本語の助動詞を当てて訓読するとは限らないという点です。たとえば「可」には推量の助動詞「べし」を当てますが、「能」には副詞「よく」や動詞「あたふ」を、「得」には動詞「う」を当てて訓じます。ただし、訓読にいかなる品詞の語を用いようと、漢文として「能」「可」「得」などが助動詞であることは揺るぎません。それぞれの説明を十分に理解してから復文に臨んでください。

１「能」

助動詞「能」は、否定の副詞を冠するか否かで訓読が異なります。上方に否定の副詞がなければ、あたかも副詞のように「能ク」（よく）と訓読し、否定の副詞がかぶされば、動詞のごとく「能フ」（あたふ）と訓読するのが通例で、一般形は次のようになります。

能クVス　　　↓能《よ》くVす

不レ能レハVスル(コト)　↓Vする（こと）能《あた》はず

書き下し文に「能《よ》く」とあろうが、「能《あた》はず」とあろうが、あくまで漢文の「能」は助動詞ですから、動詞の上方に置いて「能V」の語順に復元するのが基本です。

ただし、右に示したように、否定辞「不」が冠せられると、動詞の連体形に直接「能《あた》はず」を付けて「Vする能《あた》はず」と訓読する場合もあれば、形式名詞「こと」を補読して「Vすること能《あた》はず」と訓読する場合もあり、「こと」の有無は訓読者によって異なるのが実情です。また、英語ならば、〈**can, must, should, will**〉などの助動詞を否定するときは、それぞれの後方に〈**not**〉を付けて〈**cannot, must not, should not, will not**〉としますが、漢文の否定辞「不」は、副詞として助動詞に掛かりますので、《修飾原則》に従って〈「不」＋助動詞〉の語順を取ります。もし語順があやふやになったときは、「不能《ふのう》」「不可《ふか》」などの言葉を思い出してください。

《Q29》唯《た》だ仁者《じんしゃ》のみ能《よ》く人《ひと》を好《この》み能《よ》く人《ひと》を悪《にく》む。（全九字／置き字ナシ）

□□□□□□□□□

《Q30》父《ふ》母《ぼ》の命《めい》と雖《いへど》も、制《せい》すること能《あた》はざるなり。（全九字／置き字ナシ）

□□□□□、□□□□

2 「可」

助動詞「可」は、「べし」と訓じます。肯定・否定の一般形は次のとおりです。

可レシVス　→Vすべし

不レ可レカラVス　→Vすべからず

漢文の助動詞「可」に日本語の助動詞「べし」を当てるのですから、品詞の点でまごつく可能性はないでしょう。落ち着いて「可」を動詞にかぶせるだけです。

《Q31》事《こと》に従《したが》ふを好《この》みて亟《しば》しば時《とき》を失《うしな》ふ、知《ち》と謂《い》ふべきか。

（全十一字／第四字＝置き字「而」／第十一字＝疑問助詞「乎」）

次の《Q32》～《Q34》は、「可」を含む比較対照用の短文問題です。「可」の置きどころはもちろんのこと、三題を相互に比較し、特に《Q33》と《Q34》を通じて、主題提示語句に関わる助詞への対応について理解を深めてください。

《Q32》　志《こころざし》を奪《うば》ふべからざるなり。（全五字／置き字ナシ）

《Q33》　朽木《きうぼく》は雕《ゑ》るべからざるなり。（全六字／置き字ナシ）　○雕＝彫。

《Q34》　後生《こうせい》畏《おそ》るべし。（全四字／置き字ナシ）

右の《Q32》～《Q34》の三題によって、《格言》の有用性が、言い換えれば《仮名保存則》の重要性が、十分に認識できるでしょう。復文の結果は漢字のみ、仮名は関係ないのだからと、ただちに仮名で記された助詞の類を消したりしてはいけない。あくまで助詞を手がかりにして文法関係を正確に把握せねばなりません。大まかに要領をまとめておけば、次のようになります。前者が《Q32》に、後者が《Q33》《Q34》に適用されたわけです。

・名詞＋助詞「を・に・と」　→《格言》により〔V／O〕変換を加える。
・名詞＋助詞「は」または助詞ナシ→《順行配置則》により、そのままの位置に記す。

最後に「可」を用いる二重否定表現を一題だけ練習しておきましょう。

《Q35》言《げん》は慎《つつし》まざるべからざるなり。（全六字／置き字ナシ）

3　「得」

助動詞「得」には、下二段活用の動詞「う」を当てて訓じます。肯定・否定の一般形は次のとおりです。

得レVスル（コト）ヲ　→Vする（こと）を得《う》

＊文法的には「得《う》」で宜しいのですが、「得《う》」で一文を終えると口調が落ち着かないので、完了の助動詞「たり」を補い、「Vする（こと）を得たり」と訓読することが少なくありません。

不レ得レVスル（コト）ヲ　→Vする（こと）を得《え》ず

漢文の助動詞「得」に日本語の動詞「う」を当てるのですから、品詞にずれが生じる点に注意してください。いずれについても「こと」を付けるか否かは任意です。

「得」についても、「可」と同じく、肯定文と否定文、そして二重否定文を練習しておきましょう。

《Q36》山中《さんちゅう》の木《き》 不材《ふざい》を以《もっ》て其《そ》の天年《てんねん》を終《を》ふるを得《え》たり。

（全十二字／置き字ナシ／第八字＝「得」）

《Q37》之《これ》と言《い》ふことを得《え》ず。（全五字／置き字ナシ）

《Q38》刑人《けいじん》を委用《ゐよう》して之《これ》に国命《こくめい》を寄《よ》せざるを得《え》ず。（全十一字／置き字ナシ／第二字＝「得」）

4　**「可以」「足以」「得而」**

助動詞「可」「得」の練習をしたついでに、「可」に「以」が結合した「可以」、それと似たような表現の「足以」、そして「得」が「而」を伴う「得而」についても練習しておきましょう。それぞれの一般形は、次のようになります。

可ニシ以テＶ一ス　↓以《もっ》てＶすべし
足ニル以テＶ一スルニ　↓以《もっ》てＶするに足《た》る
得テ而《φ》Ｖス　↓得《え》てＶす

「可以Ｖ」は、可能・許可の「Ｖできる」意を表し、意味は「以」のない「可レシＶス」（Ｖすべし）とほとんど同じです。訓読の関係上、書き下し文では「以て」と「べし」のあいだに多くの字が挟まり、二語が遠く離れていることも少なくありません。確実に二字を結合して「可以」と復元するよう注意してください。

「足以Ｖ」は、「Ｖするのに十分である」「Ｖするに値する」意で、「以」を除いた「足レルＶスルニ」（Ｖするに足《た》る）とほぼ同義です。書き下し文では、「可以」と同じく、「以て」と「足る」がそれぞれ文頭と文末とに離れて現れることが珍しくありません。「足以」二字の結合を忘れないよう気をつけてください。

「得而Ｖ」は、「（機会を得て）Ｖできる」意で、「而」を入れずに「得レＶスル（コト）ヲ」（Ｖする（こと）を得《う》）と記すのと意味に変わりはありません。書き下し文では置き字「而」が省略されますが、既述のように「得て」の接続助詞「て」を手がかりに、「得」に「而」を添えて復元します。

以下、一題ずつ練習してみてください。

《Q39》不仁者《ふじんしゃ》は以《もっ》て久《ひさ》しく約《やく》に処《を》るべからず、以《もっ》て長《なが》く楽《たの》しきに処《を》るべからず。

（全十五字／置き字ナシ）

《Q40》以《もっ》て其《そ》の身《み》を養《やしな》ひ其《そ》の天年《てんねん》を終《を》ふるに足《た》る。（全九字／置き字ナシ）

《Q41》聖人《せいじん》は吾《われ》　得《え》て之《これ》を見《み》ず。（全九字／第六・九字＝置き字「而・矣」）

5　再読文字

再読文字は「再《ふたた》ビ読《よ》ム文字」、すなわち字は一つでありながら二度にわたって発音する文字を指します。つまり、「再読文字」とは、あくまでも発音の点から見た名称にすぎません。文法的には、ほとんどが英語の助動詞と同じです。代表的な九つの再読文字について一般形と英訳を示せば、それぞれ左のようになるでしょう。前述のとおり（→p.88）、書き下し文では、初読（右の読み）が漢字で、再読（左の読み）が仮名で記されます。

・未ダレVセ　→未《いま》だ（Vせ）ず　＊not…yet

・将ニレVセント　→将《まさ》に（Vせんと）す　＊be going［about］to; will

・且ニレVセント　→且《まさ》に（Vせんと）す　＊be going［about］to; will

・当ニシレVス　→当《まさ》に（Vす）べし　＊should; ought to

・応ニシレVス　→応《まさ》に（Vす）べし　＊should; ought to

・宜シクシレVス　→宜《よろ》しく（Vす）べし　＊should; ought to

・須ラクシレVス　→須《すべか》らく（Vす）べし　＊must; have to

・猶ホシレVスルガ　→猶《な》ほ（Vするが）ごとし　＊just as; as if

猶ホレシNノ　→猶《な》ほ（Nの）ごとし　＊ just like

・盍ゾレルVセ　→盍《なん》ぞ（Vせ）ざる　＊ why not

「未」「猶」「盍」以外は、いずれも英語の助動詞または準助動詞と同じです。とはいえ、「未」「猶」「盍」の三字も、下方に動詞を従える点では他の再読文字と異なりません。要するに、再読文字は「英語の助動詞のようなもの」と考えて、動詞にかぶせておけばよいのです。

唯一の例外は「猶」が名詞を伴う「猶ホレシNノ」（猶《な》ほ（Nの）ごとし）ですが、これは元来「猶」が漢文としては繋辞《けいじ》 **copula** すなわち連結動詞 **linking verb** の機能を持っているためです。結果として英語〈just like〉とは品詞が一致しませんが、名詞に「猶」を載せるだけですので、助動詞を動詞に冠するのと似た感覚ですみますから、語順に関するかぎり、何も難しい点はありません。

では、五つの再読文字「未」「且」「宜」「猶」「盍」について、一題ずつ練習してみましょう。その他の四字も、語順を組み上げる感覚はまったく同じです。

《Q42》未《いま》だ室《しつ》に入《い》らざるなり。（全五字／第三字＝置き字「於」）

《Q43》酒《さけ》を引《ひ》きて且《まさ》に之《これ》を飲《の》まんとす。（全五字／置き字ナシ）

《Q44》惟《た》だ仁者《じんしや》のみ宜《よろ》しく高位《かうゐ》に在《あ》るべし。（全七字／置き字ナシ）　○惟＝唯。

《Q45》若《も》し殿下《でんか》と命《めい》を同《おな》じうせば、死《し》すと雖《いへど》も猶《な》ほ生《い》くるがごとし。（全十字／置き字ナシ）

《Q46》子《し》盍《なん》ぞ斉《せい》に事《つか》へんことを求《もと》めて以《もつ》て民《たみ》に臨《のぞ》まざる。（全九字／第五字＝置き字「於」）

○斉＝国名。

6 「欲」

品詞の点から見れば、漢文の「欲」は、英語〈**want**〉と同じく動詞そのもので、決して助動詞ではありません。しかし、「〜したいと思う」意に用いる場合は、〈**want to do**〉と同じく、動詞に冠して使うので、語位は助動詞とまったく同様ですから、便宜上、準助動詞と見なし、ここで練習してみましょう。一般形は、次のようになります。

欲レス Vセント　→Vせんと欲《ほっ》す

「欲」が「〜したいと思う」意ではなく、再読文字「将」と同義になる場合、つまり英語で言えば〈**be going**［**about**］**to; will**〉と同じ意味で使われる場合もありますが、動詞の上方に位置するという語位それ自体は変化しません。この点でも、「欲」を助動詞のようなものと心得ておくと便利なのです。

ちなみに、「欲」の訓読み「ほっす」は、サ変動詞「ほりす」の促音便です。漢文訓読では、常に音便形「ほっす」を用いる習慣で、原形「ほりす」は見かけません。

《Q47》楚《そ》の荘王《さうわう》晋《しん》を伐《う》たんと欲《ほっ》す。（全六字／置き字ナシ）　○楚・晋＝国名。

《Q48》吾《われ》事《こと》を国《くに》に挙《あ》げんと欲《ほっ》す。（全六字／第五字＝置き字「於」）

《Q49》日《ひ》暮《く》れんと欲《ほっ》するに、年少《ねんせう》の女子《ぢよし》を見《み》る。（全八字／置き字ナシ）

、

修練問題4　使役構文

＊解説&解答　→pp. 200–203

本書は、基本方針として、いわゆる句形には主眼を置いていません。けれども、使役形すなわち使役構文に関する復文は、漢文の文法感覚を磨き、語順に対する注意力を向上させるべく、きわめて有益な練習です。ただし、それは使役構文が難しいからではありません。語順それ自体は、英語の使役構文とまったく同じ。英語の使役構文を書き添えて示せば、一般形は左のようになります。

使《し》ム二（人）ヲシテＶセ一　↓　（人）をしてＶせしむ

make someone do

助動詞「しむ」を当てて訓ずる漢文の使役動詞は、右の「使」をはじめとして「令・遣・教・俾」などがあります。仮名書きの「しむ」をどの字に復元すればよいのか、書き下し文だけでは判断がつきませんので、出題にさいしては必ず使役動詞を指定することとします。

《Q50》斉《せい》の宣王《せんわう》 人《ひと》をして竽《う》を吹《ふ》かしむ。（全七字／置き字ナシ／使役動詞＝「使」）

○斉＝国名。　○竽＝楽器の名。

《Q51》子路《しろ》 門人《もんじん》をして臣《しん》たらしむ。（全七字／置き字ナシ／使役動詞＝「使」）　○子路＝人名。

《Q52》灌嬰《くわんえい》をして五千騎《ごせんき》を以《ひき》ゐて之《これ》を追《お》はしむ。（全九字／置き字ナシ／使役動詞＝「令」）

○灌嬰＝人名。

《Q53》吾《われ》子《し》をして孟子《まうし》に問《と》はしめ然《しか》る後《のち》に事《こと》を行《おこな》はんと欲《ほつ》す。
（全十二字／第六字＝置き字「於」／使役動詞＝「使」）　○孟子＝人名。

修練問題5　「所」「所以」

＊解説&解答　→pp. 203–215

修練問題の最後に、漢文に頻出する「所」と「所以」について練習しておきましょう。どちらも動詞の上に位置して名詞相当語句を形成します。

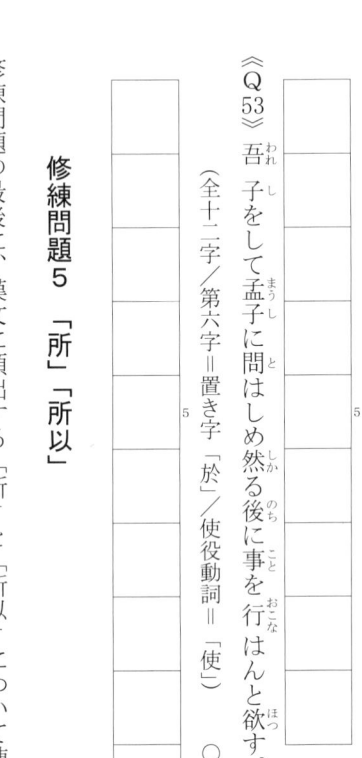

1　「所」〔付〕受身形

「所《ところ》」は、しばしば動詞にかぶさって「所レVスル」（Vする所《ところ》）となり、動詞が示す動作の対象を表します。英語の関係代名詞〈what〉に似たような機能を持ち、実は現代日本語でも「所感・所収・所説」などの漢語にそのまま用いられているのです。誰も漢文の「所」とは意識していないでしょうが、改めて語義を考えてみれば、こうした熟語の「所」が場所の意味でないことは明らかなはず。「所感」は「所レ感ズル」（感《かん》ずる所《ところ》＝感じた対象）すなわち心に感じた事、「所収」は「所レ収ムル」（収《をさ》むる所《ところ》＝収めた対象）つまり収めてある物、そして「所説」は「所レ説ク」（説《と》く所《ところ》＝説く対象）すなわち意見の内容を意味します。

とはいえ、さすがに復文作業は「所」に動詞を添えるだけで事足れりとはゆきません。一般形は、左のように記憶しておくのが便利でしょう。

Nノ〔之〕所レVスル　→Nのする所《ところ》

＊全体で名詞相当語句となる。

名詞Nは、「所」の下に位置する動詞Vの動作主つまり主語です。「Nノ〔之〕」が少しわかりづらいかもしれませんが、これは、単に「Nノ」となる場合もあれば、「之」を記して「N之《の》」となる場合もあるとの意味です。いずれにせよ、書き下し文に変わりはありません。

ただし、漢文では、右の語構成の名詞相当語句が修飾語となり、さらに下方の名詞へと掛かってゆくこともあります。やはり今日の日本語にいう「所蔵図書・所属機関・所要時間」などがその例で、「所蔵図書」は「所ノレ蔵スル図書」（蔵《ざう》する所《ところ》の図書《としよ》＝蔵する対象である図書）つまり蔵《おさ》めている図書、「所属機関」は「所ノレ属スル機関」（属《ぞく》する所《ところ》の機関《きくわん》＝属する対象である機関）すなわち属している機関、「所要時間」は「所レノ要スル時間」（要《えう》する所《ところ》の時間《じかん》＝要する対象である時間）つまり必要とする時間を意味します。これについても実際の復文作業を念頭に置いて一般形を示せば――

N_1ノ〔之〕所レノVスル〔之〕N_2　→N_1のVする所《ところ》のN_2

＊全体で名詞相当語句となる。

下方の「所レノVスル〔之〕」は、上方の「Nノ〔之〕」に同じく、単に「所レノVスル」となる場合もあれば、「之」を記して「所レVスル之《の》」となる場合もあるとの意味です。どちらの書き方でも、書き下し文に相違は生じません。もっとも、上下の双方に「之」を入れる書き方は目にした記憶がなく、いずれか一方に限って「之」を用いるのが通例です。

余談ながら、右の「N_1のVする所《ところ》のN_2」は、かつて英語で〈who〉〈which〉などの関係代名詞が形成する関係節の翻訳に広く応用されていました。たとえば〈N_2 which N_1V〉のような構文でしたら、関係節〈which N_1V〉を先行詞〈N_2〉の修飾語とし、「N_1がVする所《ところ》のN_2」と訳すわけです。具体的には〈the book which I bought yesterday〉を「きのう私が買ったところの本」と翻訳したりするのがその例です。現在、こうした訳し方はほとんどなくなり、あっさり「きのう私が買った本」と訳すのがふつうでしょう。ただし、英和辞典で〈who〉〈which〉などの関係代名詞を調べると、今なお訳語に「…する（ところの）」のように記されていることが少なくありません。これが漢文「所V」の訓読表現「Vする所《ところ》」を応用した訳法の名残《なごり》だと気づく向きは、もはや皆無に近いのではないでしょうか。

では、この種の「所」について練習してみましょう。問題によっては、複数解答を防ぐための条件を付け加えることにします。

《Q54》君子《くんし》は争《あらそ》ふ所《ところ》無《な》し。（全五字／置き字ナシ）

《Q55》時《とき》の重《おも》んずる所《ところ》、僕《ぼく》の軽《かろ》んずる所《ところ》なり。（全八字／置き字ナシ／第二・六字＝「之」）

《Q56》富《とみ》と貴《たつと》きとは是《こ》れ人《ひと》の欲《ほっ》する所《ところ》なり。（全九字／置き字ナシ）

《Q57》漢軍《かんぐん》 項王《かうわう》の在《あ》る所《ところ》を知《し》らず。（全八字／置き字ナシ）　○漢＝国名。

《Q58》吾《われ》と子《し》との共《とも》に食《く》らふ所《ところ》なり。（全七字／置き字ナシ／第四字＝「之」）

《Q59》己《おのれ》の欲《ほっ》せざる所《ところ》は、人《ひと》に施《ほどこ》すこと勿《な》かれ。（全八字／第七字＝置き字「於」）

、

《Q60》范増《はんぞう》 佩《お》ぶる所《ところ》の玉玦《ぎょくけつ》を挙《あ》ぐ。（全七字／置き字ナシ）　○范増＝人名。

《Q61》独《ひと》り項王《かうわう》のみの殺《ころ》す所《ところ》の漢軍《かんぐん》 数百人《すうひやくにん》なり。（全十字／置き字ナシ）　○漢＝国名。

《Q62》大丈夫《だいぢやうふ》の守《まも》る所《ところ》の者《もの》は道《みち》にして、待《ま》つ所《ところ》の者《もの》は時《とき》なり。（全十一字／置き字ナシ）

〔付〕受身形

ここで、同類の「所」を応用した受身形「為N所V」に関する練習を少し付け加えておきましょう。一般形は、次のようになります。

為ル二Nノ所トレVスル　→Nの Vする所《ところ》と為《な》る

この「所」も動詞Vの動作の対象を表し、「NがVする対象となる」→「NにVされる」という受身の意味になります。

語句を型どおり当てはめるだけですので、二題も練習しておけば十分でしょう。

《Q63》太祖《たいそ》流矢《りうし》の中《あ》たる所《ところ》と為《な》る。（全七字／置き字ナシ）

《Q64》張儀《ちやうぎ》嘗《かつ》て楚《そ》に遊《あそ》び、楚《そ》の相《しやう》の辱《はづかし》むる所《ところ》と為《な》る。（全十字／置き字ナシ）

○張儀＝人名。○楚＝国名。

□□□□□、□□□□□

2　「所以」

動詞にかぶさって名詞相当語句を形成する点では、「所以《ゆゑん》」も「所」と同じです。そもそも「所以」は、「所レVスル」（Vする所《ところ》）に、副詞句「以レテNヲ」の名詞Nを省略した前置詞「以」が結びついて「所二以テV一スル」（以《もつ》てVする所《ところ》）となり、それが多用されたために「所以」二字が熟合した一語として扱われ、「所二以V一スル」（Vする所以《ゆゑん》）と訓ずるようになった語句です。したがって、もともと前置詞「以」が持っていた意味を受け継いで、〈原因・理由〉または〈手段・方法〉を表すことが多く、場合によっては〈目的〉を示したり、単に〈もの・こと〉を表したりもします。一般形は、左のごとくです。

Nノ〔之〕所二以V一スル　↓NのVする所以《ゆゑん》

＊全体で名詞相当語句となる。

また、前項の「所」について、「Nノ〔之〕所レVスル」が名詞の修飾語となり、「N1ノ〔之〕所レノVスル〔之〕N2」を形成したのと同じく、「所以」も、さらに名詞「者」を伴い、次のように用いることが少なくありません。

Nノ〔之〕所二以ノV一スル者　→NのVする所以《ゆゑん》の者《もの》

＊全体で名詞相当語句となる。

ただし、「所」の場合と異なり、下方の部分が「所二以V一スル之《の》者」と書かれている例は、見かけた記憶がありません。また、やはり「所」とは違い、末尾の名詞「者」が他の名詞になっている例（たとえば《Q60》では「玉玦」、《Q61》では「漢軍」）も目にしたことがありません。「所以」を含む修飾語句が掛かってゆく被修飾語の名詞は、常に「者」だと考えて大過ないでしょう。総じて「所以」の用法それ自体は、「所」よりも少し狭いと言えます。

なお、「所以」には、名詞相当語句として「Nノ〔之〕所二以V一スル」（NのVする所以《ゆゑん》）を単独で使う以外に、「所以」を含む一句を前置する方式と後置する方式とがあります。前置とは、まず「Nノ〔之〕所二以ノV一スル者ハ」（NのVする所以《ゆゑん》の者《もの》は）と述べてから、以下に〈原因・理由〉

や〈手段・方法〉となる事態・情勢を説明する方式。後置とは、先に何らかの事態・情勢を記し、継いで「Nノ〔之〕所二以V一スル也」（NのVする所以《ゆゑん》なり）と〈原因・理由〉や〈手段・方法〉を説明する方式です。このように、前置方式には「Nノ〔之〕所二以ノV一スル者ハ」が、後置方式には「Nノ〔之〕所二以V一スル也」が多用されますが、どちらの方式であっても柔軟に対処してください。「所以」の語位そのものは、「所」と同じく、常に動詞の上ですから、さほど難しくありません。

《Q65》位無《くらゐな》きことを患《うれ》へず、立《た》つ所以《ゆゑん》を患《うれ》ふ。（全八字／置き字ナシ）

□□□□、□□□□

《Q66》彼《かれ》は矉《ひん》の美《び》なるを知《し》れども、矉《ひん》の美《び》なる所以《ゆゑん》を知《し》らず。

（全十二字／第五字＝置き字「而」）　○矉＝眉をしかめた表情。顰《ひそ》み。

□□□□、□□□□□□□□

《Q67》賢臣《けんしん》を親《した》しみ小人《せうじん》を遠《とほ》ざくるは、此《こ》れ先漢《せんかん》の興隆《こうりゆう》せし所以《ゆゑん》なり。

（全十四字／置き字ナシ／第十四字＝「也」）　○先漢＝王朝名。前漢。

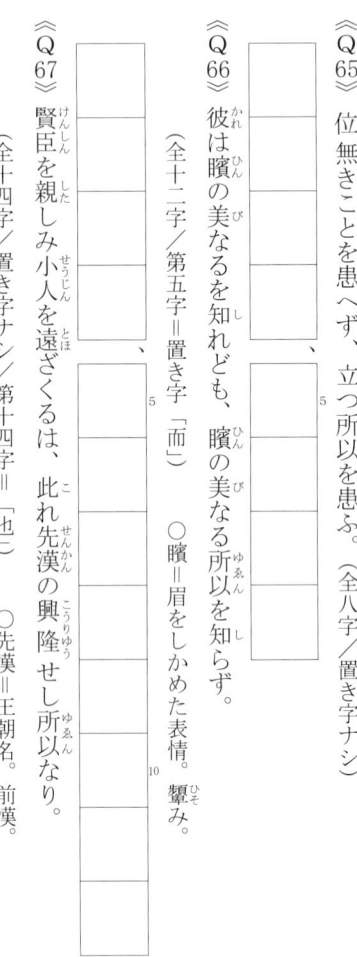

《Q68》此《こ》の女《むすめ》の嫁《とつ》がざりし所以《ゆゑん》の者《もの》は、将《まさ》に君子《くんし》を求《もと》めて以《もっ》て吾《わ》が身《み》を託《たく》せんとすればなり。（全十五字／置き字ナシ）

以上で修練篇の練習を終わります。ここまで計六十八題をこなしてくれれば、漢文の語順に対する基礎的な感覚が十分に養われていることでしょう。次篇では、二つの重要事項について練習し、練習問題のまとめとして総合問題を提供します。

◇修練篇《Q11》～《Q68》解説&解答

すでに基礎事項確認問題《Q1》～《Q10》で基本的な作業の過程や考え方は習得できていると思いますので、以下、詳しい説明は省き、簡略を旨として解説します。解答後の〔構文分析〕も記しません。

修練問題1《Q11》～《Q20》解説&解答

《Q11》仁《じん》を求《もと》めて仁《じん》を得《え》たり。（全五字／第三字＝置き字「而」）

原文の字数は、書き下し文の四字と置き字「而」で満たされます。例によって《格言》により、二つの「仁を」の助詞「を」から、二つの「仁」がそれぞれ動詞「求」および「得」の目的語だとわかるでしょう。あとは、「求めて」の接続助詞「て」を読んだ直後に置き字「而」が位置するよう語順を整えるだけです。

【A11】

求	仁	而	得	仁

〔確認用訓読文〕求レメテ仁ヲ而得レタリ仁ヲ（『論語』述而）

《Q12》述《の》べて作《つく》らず、信《しん》じて古《いにしへ》を好《この》む。（全八字／第二・六字＝置き字「而」）

書き下し文の漢字数は五字、原文は八字なので、三字が不足しますが、問題の指示に見える置き字「而」を二つ補い、「ず」を「不」に書き改めれば字数は満たせます。「作らず」を「不作」、「古を好む」を「好古」に復元することは言うまでもありません。あとは、「述べて」「信じて」の二つの接続助詞「て」が「而」の直前の読みになるよう調整するだけです。

「述べて作らず」は、「不㆓述ベテ而作ラ㆒」とも復元できますが、この語順どおりに原文を記すと、置き字「而」の位置が問題の条件に違《たが》うことになってしまいます。

【A12】 述而不作、信而好古

〔確認用訓読文〕述ベテ而不㆑作ラ、信ジテ而好ム㆑古ヲ（『論語』述而）

《Q13》君子《くんし》は和《わ》して同《どう》ぜず、小人《せうじん》は同《どう》じて和《わ》せず。（全十二字／第四・十字＝置き字「而」）

書き下し文の漢字数は八字、原文は十二字ですが、問題の指示に見える二つの置き字「而」を補い、「同ぜず」「和せず」をそれぞれ「不同」「不和」に復元すれば、不足する四字が補えます。あとは、「和して」「同じて」の二つの接続助詞「て」を読んだ直後に「而」を飛び越えるよう調整するだけです。

「和して同ぜず」「同じて和せず」は、おのおの「不㆓和シテ而同ゼ㆒」「不㆓同ジテ而和セ㆒」とも復元できますが、この語順では、二つの置き字「而」の位置が問題の指示と異なってしまいます。

【A13】

君	子	和	而	不	同	、	小	人	同	而	不	和

〔確認用訓読文〕君子ハ和シテ而不㆑同ゼ、小人ハ同ジテ而不㆑和セ。（『論語』子路）

《Q14》千里《せんり》を遠《とほ》しとせずして来《き》たる。（全六字／第五字＝置き字「而」）

書き下し文の漢字数は四字、原文は六字ですが、問題の条件に見える置き字「而」を補い、「ず」を「不」に復元すれば、不足する二字が補えます。「遠」を動詞として「遠しとす」と訓じている点にさえ気づけば、《格言》に基づき、「千里を」の助詞「を」から、「千里」が動詞「遠」の目的語だとわかるでしょう。「遠しとせず」は、もちろん「不遠」です。あとは、「遠しとせずして」が「而」の直前の読みになるように調整します。

【A14】

不	遠	千	里	而	来

〔確認用訓読文〕不㆑シテ遠㆓シトセ千里㆒ヲ而来タル（『孟子』梁恵王上）

《Q15》上《かみ》を犯《をか》すことを好《この》まずして乱《らん》を作《な》すことを好《この》む。（全八字／第五字＝置き字「而」）

書き下し文の漢字数は六字、原文は八字ですが、問題の指示に見える置き字「而」を書き入れ、「好まず」を「不好」に復元すれば、不足する二字が補えます。「上を犯す」を「犯上」、「乱を作す」を「作乱」と復元し、さらにそれぞれを動詞「好」の目的語とします。あとは、「好まずして」の直後で「而」を飛び越えるよう調整するだけです。

【A15】

				5			
不	好	犯	上	而	好	作	乱

〔確認用訓読文〕不シテレ好マレ犯スコトヲレ上ヲ而好ムレ作スコトヲレ乱ヲ（『論語』学而）

《Q16》事《こと》に敏《びん》にして言《げん》に慎《つつし》む。（全七字／第二・六字＝置き字「於」／第四字＝置き字「而」）

書き下し文の漢字数が四字、原文が七字ですが、問題の指示にある置き字「於」二字と「而」一字とで、不足の三字が補えます。「敏に」「言に」それぞれに対象を表す前置詞として「於」を用いれば、第四字「而」の上下に同じ形式の語句が入ります。「敏にして」が「而」の直前の読みになっていることを確認してください。

【A16】

敏	於	事	而	慎	於	言

〔確認用訓読文〕敏ニシテ二於φ事ニ一而φ慎ム二於φ言ニ一（『論語』学而）

《Q17》君子《くんし》は矜《きょう》にして争《あらそ》はず、群《ぐん》して党《とう》せず。（全十字／第四・八字＝置き字「而」）

書き下し文の漢字数が六字、原文が十字ですが、問題の条件に見える置き字「而」二字を記し、「争はず」「党せず」をそれぞれ「不争」「不党」と復元すれば、不足する四字が補えます。あとは、「矜にして」と「群して」の直後で「而」を飛び越えるよう調整するだけです。「矜にして争はず」「群して党せず」は、おのおの「不二矜ニシテ而φ争ハ一」「不二群シテ而φ党セ一」とも復元できますが、この語順どおりに原文を記すと、二つの置き字「而」の位置が問題の指示とずれてしまいます。

【A17】

君	子	矜	而	不	争	、	群	而	不	党

〔確認用訓読文〕君子ハ矜ニシテ而φ不レ争ハ、群シテ而φ不レ党セ（『論語』衛霊公）

《Q18》視《み》れども見《み》えず、聴《き》けども聞《き》こえず。（全八字／第二・六字＝置き字「而」）

書き下し文の漢字は四字、原文は八字ですが、問題の条件に置き字「而」二字がありますので、「見えず」「聞こえず」を「不見」「不聞」と復元すれば、字数を満たせます。二つの「ども」が「而」の直前の読みになるよう語順を整えてください。

【A18】

視	而	不	見	、	聴	而	不	聞

〔確認用訓読文〕視レドモ而φ不レ見エ、聴ケドモ而φ不レ聞コエ（『大学』）

《Q19》一《いっ》を聞《き》きて以《もっ》て十《じふ》を知《し》る。（全五字／置き字ナシ）

書き下し文に見える五つの漢字を組み上げるだけの問題です。「一を聞きて」「十を知る」を「聞一」「知十」と復元するのは、もはや慣れっこの作業でしょう。「而」の場合と同じ要領で、「聞きて」の接続助詞「て」が「以て」の直前の読みになるよう語順を調整します。

【A19】

聞	一	以	知	十

〔確認用訓読文〕聞キテレ一ヲ以テ知ルレ十ヲ（『論語』公冶長）

《Q20》己《おのれ》を修《をさ》めて以《もっ》て百姓《ひやくせい》を安《やす》んず。（全六字／置き字ナシ）

やはり、書き下し文に見える六つの漢字を組み立てるだけの問題です。「己を修めて」「百姓を安んず」は、それぞれ「修己」「安百姓」と復元します。後者「安んず」の「ず」は、あくまで動詞の語尾にすぎず、打消の助動詞「ず」ではありません。うっかり否定の「不」に復元しないよう注意してください。「安んず」の否定ならば、「安んぜず」となるはずですから。あとは、「而」の場合と同じく、「修めて」の直後で「以て」と読む語順になるよう留意するだけです。

【A20】

修	己	以	安	百	姓

〔確認用訓読文〕修メテレ己ヲ以テ安ンズ二百姓ヲ一（『論語』憲問）

修練問題2　《Q21》～《Q28》解説＆解答

《Q21》徳《とく》は孤《こ》ならず、必《かなら》ず鄰《となり》有《あ》り。（全六字／置き字ナシ）

「有」を用いる問題です。書き下し文の漢字は五字、原文は六字ですから、例によって「孤ならず」を「不孤」に書き換えれば、字数が合います。「必ず」の「ず」は、打消の助動詞「ず」ではありませんので、念のため。副詞「必ず」は動詞「有り」に掛かる修飾語ですから、《修被直結原則》により、「必」と「有」は切り離せません。存在するものは「鄰」なので、

「有」の下に「鄰」を入れれば作業は完了です。

【A21】

徳	不	孤	、	必	有	鄰

〔確認用訓読文〕徳ハ不レ孤ナラ、必ズ有リレ鄰（『論語』里仁）

《Q22》可《か》も無《な》く不可《ふか》も無《な》し。（全五字／置き字ナシ）

今なお日本語で常用される言い回しですが、復文としては「無」を連用する問題になります。作業は、存在しないもの、すなわち「可」と「不可」を、それぞれ「無」の下に記すにすぎません。

ただし、助詞「も」に違和感を覚える向きは多いかと思います。「有」「無」を用いる存在構文では、「有リレN」（N有《あ》り）「無シレN」（N無《な》し）のように、名詞Nに助詞を付けずに訓読するのが通例で、一般に「有リレNガ」（Nが有り）または「無シレNハ」（Nは無し）のような読み方をすることはありません。たとえ助詞を付けるとしても「無クレ貴ト無クレ賤ト」（貴《き》と無《な》く賤《せん》と無《な》く／〔唐〕韓愈「師説」）または「無シ二物トシテ不ルハ一レ長ゼ」（物《もの》として長《ちやう》ぜざるは無《な》し／『孟子』告子上）のごとく、「と」や「として」を使うのがふつうですから。ここでは、「無」を用いた二つの表現が連続しているため、意味および口調の関係から例外的に助詞「も」が補読されたものと考えてください。

【A22】

無	可	無	不	可

5

〔確認用訓読文〕無クレ可モ無シ二不可一モ（『論語』微子）

《Q23》人《ひと》にして遠《とほ》き慮《おもんぱか》り無《な》ければ、必《かなら》ず近《ちか》き憂《うれ》へ有《あ》り。（全九字／第二字＝置き字「而」）

「有」と「無」の双方を用いる問題で、すでに練習した置き字「而」も関わります。「人にして」とありますから、安心して第二字に「而」が記せるでしょう。形容詞「遠き」「近き」は、それぞれ修飾語として名詞「慮り」「憂へ」に掛かりますので、《修被直結原則》に従って、「遠慮」「近憂」とします。副詞「必ず」は動詞「有り」に掛かりますから、やはり「必」と「有」も切り離せません。「無」「有」それぞれの下に「遠慮」「近憂」を入れれば完成です。

【A23】

人	而	無	遠	慮	、	必	有	近	憂

5

〔確認用訓読文〕人ニシテ而無ケレバ二遠キ慮一リ、必ズ有リ二近キ憂一ヘ（『論語』衛霊公）

《Q24》天下《てんか》に道《みち》有《あ》れば、則《すなは》ち政《まつりごと》大夫《たいふ》に在《あ》らず。（全十字／置き字ナシ）

書き下し文の漢字数は九字、原文は十字ですが、例のとおり「在らず」を「不在」に復元すれば、字数は満たされます。前半は「有」ですので、存在する範囲＝L「天下」が「有」の上に、存在するもの＝N「道」が「有」の下に入ります。一方、後半は「在」ですから、存在するもの＝N「政」を主語として「在」の上に、存在する範囲＝L「大夫」を「在」の下に置けばよいわけです。

【A24】

天	下	有	道	、	則	政	不	在	大	夫

〔確認用訓読文〕天下ニ有レバレ道、則チ政不レ在ラニ大夫ニ（『論語』季氏）

補説　「則」は、上文の条件・仮定（本問では「天下ニ有レバレ道」）を、下文の結果・帰結（本問では「政不レ在ラニ大夫ニ」）へと結ぶ接続詞（副詞とも）です。英語〈if…, then…〉の〈then〉に相当する語と考えればわかりやすいでしょう。

《Q25》死生《しせい》命《めい》有《あ》り、富貴《ふうき》天《てん》に在《あ》り。（全八字／置き字ナシ）

書き下し文の漢字数が原文の字数と一致しているので、書き下し文の漢字を並べ直すだけの問題です。前半は「有」ですから、存在する範囲＝L「死生」を「有」の上に、存在するもの＝N「命」を「有」の下に置きます。後半は「在」なので、存在するもの＝N「富貴」を主語として「在」の上に、存在する範囲＝L「天」を「在」の下に記せば作業完了です。

前半「死生」に助詞「に」が付いていませんが、後半「富貴」と同じく言い切りとし、口調を整えるために省いたものと考えてください。前半も後半も四字から成る、均整の取れた有名な一文です。

【A25】

死	生	有	命	、	富	貴	在	天

〔確認用訓読文〕死生有リレ命、富貴在リレ天ニ（『論語』顔淵）

《Q26》此《ここ》に人《ひと》有《あ》り。（全四字／第三字＝置き字「於」）

置き字「於」の存在が要点《ポイント》です。前置詞「於」が「此」を従えて後位副詞句を形成します。

【A26】

有	人	於	此

〔確認用訓読文〕有リレ人二於此ニ一（『荘子』人間世）

補説　一般に、この「有人於此」を「有リ二人於此ニ一」（人《ひと》此《ここ》に有《あ》り）と訓読することはありません。動詞「有」の下方に目的語「人」と後位副詞句「於此」が並んでいるので、そのまま語順を変更せず「有リ二人於此ニ一」（人《ひと》此《ここ》に有《あ》り）と読むのが通則に従った訓読のはずです。けれども、この「有N於L」に限っては、例外として下から上へと読み上《のぼ》り、「有リレN二於L一ニ」（LにN有《あ》り）

と訓読することになっているのです。古人は、耳で聞いて復文ができるように訓読していたので、「ひと ここにあり」と訓読すると、つい原文が「人在レリ此ニ」（人《ひと》此《ここ》に在《あ》り）かと誤解してしまうおそれがあるため、例外的な訓読をほどこす習慣になったものと推測されます。次の《Q27》《Q28》についても同様です。

《Q27》斯《ここ》に美玉《びぎょく》有《あ》り。（全五字／第四字＝置き字「於」）
やはり置き字「於」の存在が要点《ポイント》です。前置詞「於」に「斯」を添えて後位副詞句を作ります。

【A27】

有	美	玉	於	斯

〔確認用訓読文〕有リ三美‐玉二於φ斯ニ一（『論語』子罕）

補説 この一文の訓読は、名詞「美玉」二字を連読符号《ハイフン》で連結している点が奇妙に感じられるかもしれません。しかし、この連読符号は、「有レリN二於φL一」（LにN有《あ》り）と読むための措置で、たとえ視覚上は奇異に映るとしても、決して誤りではありません。たまたまNが「美玉」二字から成るため、連読符号でつないだまでです。

《Q28》功《こう》は天下《てんか》に二無《にな》し。（全六字／第四字＝置き字「於」）

書き下し文の漢字数は五字、原文は六字ですが、問題の条件に見える置き字「於」を補えば字数は満たせます。助詞「は」の付いた「功は」のような語句の扱いに関しては、改めて《Q33》《Q35》で学びましょう。ここでは、主題を提示する語句として、《順行配置則》に従い、そのまま文頭に置いてください。「天下に」は、前二題と同じく、置き字の前置詞「於」に名詞「天下」を添えて後位副詞句「於天下」を作ります。「無二《むに》の親友」「唯一無二《むに》の方策」のごとき表現を想い起こせば、「二無し」を「無二」と復元することに抵抗はないでしょう。

【A28】

功	無	二	於	天	下

〔確認用訓読文〕功ハ無シレ二二於φ天下ニ一（『史記』韓信伝）

修練問題3　《Q29》～《Q49》　解説&解答

《Q29》唯《た》だ仁者《じんしゃ》のみ能《よ》く人《ひと》を好《この》み能《よ》く人《ひと》を悪《にく》む。（全九字／置き字ナシ）

書き下し文の漢字数は九字、原文も九字ですから、書き下し文の漢字を並べ換えるだけの作業です。「のみ」を漢字に改める可能性はありません。「人を好む」「人を悪む」を例のとおり「好人」「悪人」とし、動詞「好」「悪」それぞれに助動詞「能」をかぶせます。

【A29】

唯	仁	者	能	好	人	能	悪	人

〔確認用訓読文〕唯ダ仁者ノミ能ク好レミ人ヲ能ク悪レム人ヲ（『論語』里仁）

《Q30》父母《ふぼ》の命《めい》と雖《いへど》も、制《せい》すること能《あた》はざるなり。（全九字／置き字ナシ）

書き下し文の漢字数が六字、原文が九字、そして「置き字ナシ」ですから、書き下し文の仮名書きの語を漢字三字に復元する必要があります。一読、「の」「ざる」「なり」が漢字に復元すべき候補だとわかるでしょう。「と」は、「～と雖も」という言い回しに用いられる補読の「と」なので、「与」に復元する可能性はありません。同じく、「こと」も、「不レ能レハVスルコト」（Vすること能《あた》はず）において補読された「こと」です。ゆめ「事」に書き直したりしてはいけません。「雖」の位置が気になりますが、前半は「たとえ父母の命令であっても」の意となり、「雖」は英語で言えば〈**even if, even though**〉のようなものですから、《英語相似律》により、たぶん文頭に置けばよいのだろうと見当がつきます。取り敢えず打消「ざる」を「不」に復元して「不レ能レハVスルコト」に当てはめれば、原文は「雖父母命、不能制」となりますが、これでは七字ですので、前半に一字を補うべく「の」を「之」とし、後半にも一字を加えるべく「なり」を「也」とすれば、指定の九字を満たせます。

【A30】 雖父母之命、不能制也

〔確認用訓読文〕雖ニモ父母之命一ト、不レル能ハレ制スルコト也（〔唐〕白行簡『李娃伝』）

《Q31》事《こと》に従《したが》ふを好《この》みて亟《しば》しば時《とき》を失《うしな》ふ、知《ち》と謂《い》ふべきか。

（全十一字／第四字＝置き字「而」／第十一字＝疑問助詞「乎」）

書き下し文の漢字数が八字、原文が十一字ですから、書き下し文の仮名書きの語を漢字三字に復元する必要があります。第四字が「而」、第十一字が「乎」と指定されているので、あとは「べき」を「可」に改めるだけです。「事に従ふ」を「従事」とし、さらに「事に従ふを好みて」を「好従事」とします。「好みて」の「て」には敏感に反応してください。すでに練習したとおり、置き字「而」の直前の読みになります。「時を失ふ」が「失時」になることは言うまでもありません。副詞「亟しば」は動詞「失」の修飾語ですから、「亟失」とします。「知と謂ふ」は、むろん「謂知」。そして、動詞「謂」に助動詞「可」を冠すれば、文法上の整合性が満たされます。《日本語相似律》を想い起こせば、疑問助詞「乎」が文末に位置することは、すんなり納得できるでしょう。

【A31】

好	従	事	而	亟	失	時	、	可	謂	知	乎

〔確認用訓読文〕好レミテ従レフヲ事ニ而亟〻失レフ時ヲ、可レキ謂レフ知ト乎（『論語』陽貨）

補説 右の訓読文で「亟」に付けた二の字点「〻」は、「同音（ここでは「しば」）を二つ重ねて訓読みせよ」との指示を表す符号です。あくまで訓読の便宜を図るための符号にすぎず、原文の漢文には存在しません。

《Q32》志《こころざし》を奪《うば》ふべからざるなり。（全五字／置き字ナシ）

この問題は、ほとんど復習にすぎません。「志を奪ふ」は「奪志」と復元します。あとは、「べから」すなわち「べし」を「可」に改めて動詞「奪」にかぶせ、それを「ざる」つまり「不」で否定して、文末の「なり」を「也」に書き直せば完成です。

【A32】

不	可	奪	志	也

〔確認用訓読文〕不レル可レカラ奪レフ志ヲ也（『論語』子罕）

《Q33》朽木《きうぼく》は雕《ゑ》るべからざるなり。（全六字／置き字ナシ）

文頭の「朽木」に付いている助詞「は」に、十分な注意を払ってください。もし「朽木を離る」ならば「離朽木」としますが、「朽木は」である以上、たとえ意味上は「朽木」が「離」の目的語だとしても、あくまで文法上は「朽木」を主題提示語句と見なし、《順行配置則》に従って、そのまま文頭に置かねばなりません。むろん、助詞「は」を伴っている以上、「朽木」が主語である可能性もありますが、「朽木」が「離る」という動作を行うのは不自然ですので、主題提示語句と考えるしかないでしょう。この「朽木は」の扱いにさえ理解が行き届けば、その他は《Q32》とまったく同じです。

【A33】

朽	木	不	可	離	也

〔確認用訓読文〕朽木ハ不レル可レカラ離ル也（『論語』公冶長）

《Q34》後生《こうせい》畏《おそ》るべし。（全四字／置き字ナシ）

前二問と異なり、文頭の「後生」は、助詞「を」も「は」も付かず、単に名詞が置いてあるだけです。このような語句は、主語か主題提示語句のどちらかになります。つまり、実質上、助詞「は」が付いている語句と同じように扱えばよいのです。目的語であれば、《格言》どおり助詞「を」や「に」「と」などが付くはずですので。結局は、《順行配置則》に基づいて「後生」をそのまま文頭に置き、「べし」を「可」に改めて動詞「畏」に載せるだけの作業です。

【A34】

後	生	可	畏

〔確認用訓読文〕後生可レシ畏ル（『論語』子罕）

《Q35》言《げん》は慎《つつし》まざるべからざるなり。（全六字／置き字ナシ）

文頭の「言は」は、《Q33》の「朽木は」と同じく、主題提示語句と見なして、そのまま文頭に置いてください。二重否定「慎まざるべからざる」は、「慎まざる」すなわち「不慎」の上に、さらに「べからざる」つまり「不可」をかぶせることになります。一般形「不レ可カラ不レルVセ」（Vせざるべからず）を目に焼き付けておくのが得策でしょう。文末「なり」を「也」に復元して字数を合わせることは言うまでもありません。

【A35】

言	不	可	不	慎	也

〔確認用訓読文〕言ハ不レル可カラ不レル慎マ也（『論語』子張）

《Q36》山中《さんちゅう》の木《き》不材《ふざい》を以《もつ》て其《そ》の天年《てんねん》を終《を》ふるを得《え》たり。

（全十二字／置き字ナシ／第八字＝「得」）

不足する漢字一字は、「山中の木」の「の」を「之」に改めればよいと見当がつくでしょう。「不材を以て」は「以不材」に、「其の天年を終ふる」は「終其天年」に復元できます。そして、「終ふる」が再び助詞「を」を介して「得たり」と結びつくのですから、助動詞「得」を動詞「終」の上に置けば完成。前位副詞句「以不材」の「以」が原因・理由を表し、「不材」（役立《た》たず）のおかげで（＝以）、「其の天年を終ふる」（天寿をまっとうする）ことができる（＝得）という逆説を表す一文です。

前位副詞句「以不材」が助動詞「得」と動詞「終」のいずれに掛かるのか、書き下し文だけでは今一つ判断がつきません。文法的には、「終」に掛けた「山中之木得㆘タリ以㆓テ不材㆒ヲ終㆗フルヲ其ノ天年㆖ヲ」でも誤りではありませんが、このように記すと、「得」の位置が問題の条件とずれてしまいます。

【A36】

山	中	之	木	以	不	材	得	終	其	天	年

〔確認用訓読文〕　山中之木以㆓テ不材㆒ヲ得㆑タリ終㆓フルヲ其ノ天年㆒ヲ（『荘子』山木）

《Q37》之《これ》と言《い》ふことを得《え》ず。（全五字／置き字ナシ）

書き下し文の漢字は三字だけですので、仮名書きの語を漢字二字に復元せねばなりませんが、「と」を「与」に、「ず」を「不」に改めるのは明らかでしょう。もはや「こと」を「事」と復元する可能性を脳裡に浮かべる向きはないはずです。「与」は前置詞ですから「之と」を「与之」とし、それが動詞「言」を修飾しますので、「与之言」と記せばよい。あとは、例のとおり助動詞「得」をかぶせ、さらに「不」で否定して作業完了です。助動詞「得」と動詞「言」のあいだに、動詞「言」の修飾語として前位副詞句「与之」が割り込んでいる点を味わってください。

【A37】

不	得	与	之	言

〔確認用訓読文〕不レ得二与《と》レ之言一フコトヲ　（『論語』微子）

《Q38》刑人《けいじん》を委用《ゐよう》して之《これ》に国命《こくめい》を寄《よ》せざるを得《え》ず。（全十一字／置き字ナシ／第二字＝「得」）

不足する漢字二字は、打消の助動詞「ざる」「ず」それぞれに「不」を当てれば解決します。「刑人を委用す」は、ただちに「委用刑人」と復元できるでしょう。「之に国命を寄す」は、〔V／〔OO〕〕変換の対象ですので、「之に国命を」の語順を保ったまま動詞「寄す」の下方に並べて「寄之国命」とします。さらに、《Q35》の「不可不」と同じように、二重否定「～ざるを得ず」を「不得不」として、動詞にかぶせれば完成です。「不得不」は、二つの動詞「委用」と「寄」の両者に掛かります。

文法上は「不得不」を動詞「寄」のみに掛けて「委ニ用シテ刑人一ヲ不レ得レ不レルヲ寄ニセ之ニ国命一ヲ」と復元することも可能ですが、そのように記すと、「得」の位置が問題の条件と異なってしまいます。

【A38】

不	得	不	委	用	刑	人	寄	之	国	命

〔確認用訓読文〕不レ得レ不下ルヲ委ニ用シテ刑人一ヲ寄中セ之ニ国命上ヲ（『後漢書』宦者列伝序）

補説　二重否定「不得不V」の訓読「不レ得レ不レルヲVセ」＝「Vせざるを得ず」が口語に身をやつした表現こそ、現代日本語の「Vせざるを得ない」という言い回しです。

《Q39》不仁者《ふじんしゃ》は以《もっ》て久《ひさ》しく約《やく》に処《を》るべからず、以《もっ》て長《なが》く楽《たの》しきに処《を》るべからず。

（全十五字／置き字ナシ）

少し字数の多い問題ですが、前半にも後半にも「以て～べからず」とありますので、どちらも「可以」を否定した「不可以」を動詞にかぶせるだけです。不足する漢字四字も二つの「不可」によって充足できますから、決して負担の重い問題ではありません。副詞「久しく」と

「長く」はそれぞれ動詞「処る」に掛け、例によって「約に処る」「楽しきに処る」を「処約」「処楽」と復元します。冒頭の「不仁者は」は、助詞が「は」ですので、そのまま文頭に置くだけ。くれぐれも「可以」の二字を切り離さないようにしてください。

【A39】

不	仁	者	不	可	以	久	処	約	、	不	可	以	長
処	楽												

〔確認用訓読文〕不仁者ハ不レ可二カラ以テ久シク処一レル約ニ、不レ可二カラ以テ長ク処一レル楽シキニ（『論語』里仁）

《Q40》以《もっ》て其《そ》の身《み》を養《やしな》ひ其《そ》の天年《てんねん》を終《を》ふるに足《た》る。（全九字／置き字ナシ）

冒頭の「以て」と末尾の「足る」が組み合わさって「足以」となります。「其の身を養ふ」「其の天年を終ふ」がそれぞれ「養其身」「終其天年」となることは、もはや説明するまでもありません。その二つを、《順行配置則》に従って、書き下し文の順序どおり「足以」の下に並べれば作業完了です。「終其天年」は、《Q36》にも見えました。

【A40】

足	以	養	其	身	終	其	天
年							

〔確認用訓読文〕足下ル以テ養二ヒ其ノ身一ヲ終中フルニ其ノ天年上ヲ（『荘子』人間世）

《Q41》聖人《せいじん》は吾《われ》得《え》て之《これ》を見《み》ず。（全九字／第六・九字＝置き字「而・矣」）

不足する三字のうち、二字は置き字「而」と「矣」で補えます。残りの一字も「ず」を「不」に改めるだけ。文頭の「聖人は」は、《Q33》の「朽木は」や《Q39》の「不仁者は」と同じく主題提示語句で、「吾」が一文の主語です。「之を見る」は、むろん「見之」としてください。一見「得テ而φ不レ見レ之ヲ」とも復元できそうですが、それでは「而」が所定の位置とずれてしまいます。

【A41】

聖	人	吾	不	得	而	見	之	矣

〔確認用訓読文〕聖人ハ吾不二得テ而φ見一レ之ヲ矣φ（『論語』述而）

補説　本問は、上方の主題提示語句「聖人は」を、下方の代名詞「之《これ》を」で受け直しています。このような表現は漢文に少なからず現れ、日本語の表現としても取り入れられました。「大日本帝国憲法」（明治憲法）第一条には「大日本帝国ハ万世一系ノ天皇之ヲ統治ス」とありましたし、現行の「日本国憲法」でも、「之」が平仮名「これ」に身をやつしこそすれ、たとえば第九条2項に「陸海空軍その他の戦力は、これを保持しない。国の交戦権は、これを認めない」のような言い回しで残っています。

《Q42》未《いま》だ室《しつ》に入《い》らざるなり。（全五字／第三字＝置き字「於」）

不足する二字は、指定された置き字「於」と、末尾「なり」を書き改めた「也」で充足できます。うっかり「ざる」を「不」に復元しないでください。この「ざる」は再読文字「未」の再読（左の読み）「ず」が連体形に活用したものです。「室に入る」は「入室」でも十分ですが、本問では第三字に前置詞「於」がありますので、「入於室」とします。動詞「入」に再読文字「未」をかぶせれば完成です。

【A42】

未	入	於	室	也

〔確認用訓読文〕　未ダルレ入ラ二於φ室ニ一也（『論語』先進）

《Q43》酒《さけ》を引《ひ》きて且《まさ》に之《これ》を飲《の》まんとす。（全五字／置き字ナシ）

例のとおり「酒を引く」を「引酒」、「之を飲む」を「飲之」と復元し、動詞「飲」に再読文字「且」を載せれば作業完了です。どうせ再読文字は文頭に置くのだろうと決め込んで、「引酒」二字を「且」の下に入れたりしないでください。もし「且引酒飲之」ならば、「且ニ二引キテレ酒ヲ飲マントレ之ヲ」（且《まさ》に酒《さけ》を引《ひ》きて之《これ》を飲《の》まんとす）と訓読しますから、書き下し文が問題文とは異なることになってしまいます。《順行配置則》を軽視してはいけません。

【A43】

引	酒	且	飲	之

〔確認用訓読文〕引キテレ酒ヲ且ニレ飲マントレ之ヲ（『戦国策』斉二）

《Q44》惟《た》だ仁者《じんしや》のみ宜《よろ》しく高位《かうゐ》に在《あ》るべし。（全七字／置き字ナシ）

書き下し文に見える漢字だけで、指定の字数は満たされています。「のみ」を「耳」や「而已」に改める可能性はありません。再読文字「宜」は、動詞「在」にかぶせます。「高位に在る」は、「在」の語法（→p. 144）に従って、「在高位」とするだけ。もちろん、末尾の「べし」は、再読文字「宜」の再読（左の読み）です。「可」に書き直したりしないよう注意してください。

【A44】

惟	仁	者	宜	在	高	位

〔確認用訓読文〕惟ダ仁者ノミ宜シク(シ)レ在ル二高位一ニ（『孟子』離婁上）

《Q45》若《も》し殿下《でんか》と命《めい》を同《おな》じうせば、死《し》すと雖《いへど》も猶《な》ほ生《い》くるがごとし。（全十字／置き字ナシ）

冒頭の「若し」は、意味も語位も英語〈if〉とまったく同じです。例によって「殿下と」の「と」を「与」に改めて前位副詞句「与殿下」とし、「命を同じうす」すなわち「同命」の上方に置けば、不足する一字を補えます。「死すと雖も」は、《Q30》と同じ要領で「雖死」とするだけです。本問の再読文字「猶」は「猶《な》ほ（Vするが）ごとし」の用法ですから、落ち着いて動詞「生」を「猶」の下に記してください。末尾の「ごとし」は、言うまでもなく再読文字「猶」の再読（左の読み）です。あわてて「如」や「若」に書き改めたりしてはいけません。

【A45】

若	与	殿	下	同	命	、	雖	死	猶	生

〔確認用訓読文〕若シ与《と》二殿下一同ジウセバレ命ヲ、雖モレ死スト猶ホレ生クルガシ（『魏書』咸陽王禧伝）

《Q46》子《し》盍《なん》ぞ斉《せい》に事《つか》へんことを求《もと》めて以《もつ》て民《たみ》に臨《のぞ》まざる。（全九字／第五字＝置き字「於」）

置き字に関する指示を忘れて、「斉に事ふ」を単に「事斉」としないよう気をつけてください。ここでは、動作の対象を表す前置詞「於」を入れて「事於斉」とします。それがわかれば、「斉に事へんことを求む」を「求事於斉」と復元するのは容易でしょう。また、本問の「以て」は、「～を以て」とは訓じられていませんので、単なる接続の「以」（→p.141）つまり「而」

と同じ用法と見なして結構です。「民に臨む」は、むろん「臨民」と復元します。末尾「ざる」は、再読文字「盍」の再読（左の読み）「ず」の連体形です。ゆめ「不」に改めてはいけません。念のために確認しておけば、連体形「ざる」で一文が終わっているのは、「盍ぞ」の係助詞「ぞ」に呼応して係り結びが生じたからです。

【A46】

子	盍	求	事	於	斉	以	臨	民

〔確認用訓読文〕子盍ゾル下求メテレ事ヘンコトヲ二於斉ニ一以テ臨マ上民ニ（『左伝』定公十年）

《Q47》楚《そ》の荘王《さうわう》晋《しん》を伐《う》たんと欲《ほっ》す。（全六字／置き字ナシ）

「晋を伐つ」を例のとおり「伐晋」と復元し、動詞「伐」に「欲」をかぶせるだけです。容易な作業ですが、「欲」を用いた基本的な一文ですので、ぜひ「欲」の語位を脳裡に焼き付けてください。

【A47】

楚	荘	王	欲	伐	晋

〔確認用訓読文〕楚ノ荘王欲スレ伐タントレ晋ヲ（『説苑』奉使）

《Q48》吾《われ》 事《こと》を国《くに》に挙《あ》げんと欲《ほっ》す。（全六字／第五字＝置き字「於」）

「事を国に」ですから、〔V／（OQ）〕変換を念頭に置きつつ、そのままの順序で動詞「挙」の下に並べます。絶対に「事」と「国」の順序を入れ換えてはいけません。所定の置き字「於」が「国」と組み合わさって後位副詞句を形成することは、説明するまでもないでしょう。「欲」を動詞「挙」に載せて完成です。

【A48】

吾	欲	挙	事	於	国

〔確認用訓読文〕吾欲スレ挙ゲント二事ヲ於φ国ニ一（『説苑』政理）

《Q49》日《ひ》 暮《く》れんと欲《ほっ》するに、年少《ねんせう》の女子《ぢよし》を見《み》る。（全八字／置き字ナシ）

前半の「暮れんと欲す」を「欲暮」と復元するのは容易でしょう。ただし、主語「日」（太陽）が無生物ですから、「欲暮」を「暮れたいと思う」と解釈するのは奇妙な話になってしまいます。ここに見える「欲」は再読文字「将」と同じく近い未来を表す語と解し、「まもなく日が暮れようとしている」意に理解するのが自然です。このような「欲」の用例も決して少なくありません。後半については、贅言《ぜいげん》を費やすまでもないでしょう。

【A49】

日	欲	暮	、	見	年	少	女	子

〔確認用訓読文〕日欲レスルニ暮レント、見二ル年少ノ女子一ヲ（『太平広記』巻三一七／一「呉祥」）

補説「まもなく日が暮れようとしている」意の「日欲レス暮レント」（日《ひ》暮《く》れんと欲《ほっ》す）は、もちろん再読文字「将」を使って「日将レニ暮レント」（日《ひ》将《まさ》に暮《く》れんとす）と書くこともあります（『太平広記』巻三二四／十三「崔茂伯」）。ちなみに、「もう日が暮れてしまった」場合は、「日已ニ暮レタリ」（日《ひ》已《すで》に暮《く》れたり）と記します（同書巻三三三／一「黎陽客」）。

修練問題4　《Q50》～《Q53》解説&解答

《Q50》斉《せい》の宣王《せんわう》 人《ひと》をして竽《う》を吹《ふ》かしむ。（全七字／置き字ナシ／使役動詞＝「使」）

使役構文の基本問題です。本問によって、使役構文の語順を確認してください。言うまでもなく、不足する一字は、「しむ」を「使」に復元して補います。主語「斉宣王」に使役動詞「使」を付けてから、その下に使役の対象「人」を記し、さらに使役する動作「吹」を置けばよいでしょう。「竽を吹く」を「吹竽」と復元するのは、例のとおりです。

【A50】

斉	宣	王	使	人	吹	竽

〔確認用訓読文〕斉ノ宣王使ニム人ヲシテ吹カレ竽ヲ（『韓非子』内儲説上）

《Q51》子路《しろ》門人《もんじん》をして臣《しん》たらしむ。（全七字／置き字ナシ／使役動詞＝「使」）

不足する二字は、使役動詞「使」と、断定の助動詞「たり」を書き改めた「為」とで補います。「たり」の復元（→p.31）は、盲点になりやすいので注意が必要です。まずは「たり」を漢字「為」に復元する可能性があること、そして、復元された「為」が英語の〈be〉動詞に相当する動詞であることを銘記しておく必要があります。つまり、日本語の助動詞「たり」が漢文では動詞「為」に変ずるわけです。品詞のずれに気をつけてください。結果として、「使《し》ニム（人）ヲシテV一セ」の「（人）」に「門人」を、「V」に「為」を当てはめることになります。「臣」は、「為」の補語。「門人為臣」の四字だけを見れば、「門人(S)為(V)臣(C)」（門人為レリ臣＝門人《もんじん》臣《しん》たり）すなわち第二文型です。

【A51】

子	路	使	門	人	為	臣

〔確認用訓読文〕子路使ニム門人ヲシテ為レラ臣（『論語』子罕）

《Q52》灌嬰《くわんえい》をして五千騎《ごせんき》を以《ひき》ゐて之《これ》を追《お》はしむ。（全九字／置き字ナシ／使役動詞＝「令」）

二つの動作「以ゐる」と「追ふ」がどのように使役動詞と関わるのか、一瞬わかりづらいかもしれませんが、「～をして（…せ）しむ」に上下を挟まれている以上、二つとも使役する動作になります。つまり、一般形を用いれば「使《し》ム二（人）ヲシテV_1シテ（而）V_2一セ」と示すことが可能で、ここでは使役の対象「灌嬰」にV_1「以ゐる」とV_2「追ふ」の二つの動作をさせるのです。たとえば、英語〈He made me go there and give her the letter.〉において、〈me〉に二つの動作〈go〉と〈give〉をさせるのと同じようなものだと考えればよいでしょう。本問では〈and〉に相当する「而」が省かれていますが。そうとわかれば、二つの動詞「以」と「追」を書き下し文の順序どおりに並べるだけです。「五千騎を以ゐる」「之を追ふ」がそれぞれ「以五千騎」「追之」となることは、言うまでもありません。

【A52】

令	灌	嬰	以	五	千	騎	追	之

〔確認用訓読文〕令ム下灌嬰ヲシテ以ヰテ二五千騎一ヲ追ハ上レ之ヲ（『史記』項羽本紀／改変）

《Q53》吾《われ》子をして孟子《まうし》に問《と》はしめ然《しか》る後《のち》に事《こと》を行《おこな》はんと欲《ほっ》す。

（全十二字／第六字＝置き字「於」／使役動詞＝「使」）

使役構文に「欲」が加わっている問題です。「孟子に問ふ」は、「問孟子」になるはずですから、使役構文「使《し》二ム（人）ヲシテＶ一セ」は「使子問孟子」と復元できます。「然る後に」は副詞なので、そのまま「然後」と記すだけです。あわてて語順を入れ換えたりしてはいけません。「事を行ふ」は、むろん「行事」とします。残るは、「欲」を後半の「行事」だけに掛けるのか、前半の使役構文「使子問孟子」にも掛けるのかという問題ですが、決め手は置き字「於」の位置です。文法上は「行於事」も可能に見えますが、これでは明らかに所定の位置とずれてしまいますから、「問孟子」に割り入れて「問於孟子」とするしかありません。そして、その「於」が第六字に位置するとなれば、「欲」を上方に置き、「使子問於孟子」と「行事」の両者に掛けるしかないでしょう。つまり、「欲」を下方に置いて「吾使三メ子ヲシテ問二ハ於孟子一ニ然ル後ニ欲レス行レハント事ヲ」と復元すると、書き下し文こそ同一になるものの、置き字「於」が第五字になってしまうので誤りというわけです。

【Ａ53】

吾	欲	使	子	問	於	孟	子	然	後	行	事

〔確認用訓読文〕吾欲下ス使三メ子ヲシテ問二ハ於孟子一ニ然ル後ニ行上ハント事ヲ（『孟子』滕文公上）

修練問題５　《Q54》～《Q68》　解説&解答

《Q54》君子《くんし》は争《あらそ》ふ所《ところ》無《な》し。（全五字／置き字ナシ）

「君子は」は、助詞「は」が付いているので、そのまま文頭に置きます。「争ふ所」が本問の眼目で、「所」の下に動詞「争」を記してください。その「所争」が名詞相当語句になるのですから、二字を切り離すことなく「無」の下に書き込むだけ。容易な作業ですが、「所レVスル」の語構成をしっかり確認してください。

【A54】

君	子	無	所	争

5

〔確認用訓読文〕君子ハ無シレ所レ争フ（『論語』八佾）

《Q55》時《とき》の重《おも》んずる所《ところ》、僕《ぼく》の軽《かろ》んずる所《ところ》なり。（全八字／置き字ナシ／第二・六字＝「之」）

問題の条件に従って二つの「の」を「之」に改めれば、前半も後半も「所」に動詞「重」または「軽」を付けて「時之所重」「僕之所軽」と復元できることは明らかでしょう。二つの「所レVスル」を用いた対句《ついく》仕立ての一文で、どちらも名詞相当語句ですから、全体として第二文型〔変形〕＝SCを形成します。

もし「第二・六字＝「之」」との条件がなければ、末尾の「なり」を「也」を改め、「時之《の》所レ重ンズル、僕ノ所レ軽ンズル也《なり》」あるいは「時ノ所レ重ンズル、僕之《の》所レ軽ンズル也《なり》」と復元することも可能です。

【A 55】

時	之	所	重	、	僕	之	所	軽

〔確認用訓読文〕時之所レ重ンズル、僕之所ナリレ軽ンズル （〔唐〕白居易「与元九書」）

《Q56》富《とみ》と貴《たつと》きとは是《こ》れ人《ひと》の欲《ほっ》する所《ところ》なり。（全九字／置き字ナシ）

冒頭「富と、貴きと、」は、助詞「と」を繰り返す「富」と「貴」の並列ですから、例の接続詞「与」で結び、「富与貴」とします。それに助詞「は」が付いているので、この三字はそのまま文頭に置いてください。「是れ」は、繋辞《けいじ》 **copula** すなわち連結動詞 **linking verb** ですから、単に上下をつなぐ位置を占めます。「人の欲する所」は「人所欲」とも「人之所欲」とも復元できますが、前者のごとく「之」を入れずに記すと、末尾「なり」を「也」に改めても字数が足りません。後者のように「之」を補うこととなります。

【A 56】

富	与	貴	是	人	之	所	欲	也

〔確認用訓読文〕富ト与《と》ハレ貴キ是レ人之所レ欲スル也 （『論語』里仁）

《Q57》漢軍《かんぐん》 項王《かうわう》の在《あ》る所《ところ》を知《し》らず。（全八字／置き字ナシ）

「項王の在る所」は「項王所在」か「項王之所在」かですが、「知らず」の「ず」を「不」に復元すれば字数は足りるので、前者「項王所在」を採り、「之」は補わないことになります。そして、その「〈項王所在〉を知らず」というのですから、名詞相当語句「項王所在」が「不知」の目的語となることは明らかでしょう。

「所レ在ル」（在る所）＝「所在《しょざい》」が現代日本語の常用語彙でもあることを確認してください。「所レVスル」の「所」は、もともと場所の意ではありませんが、「在」が場所と結びつく性質の動詞のため、「所レ在ル」＝「存在する対象である場所」の意となり、結果として「所」が場所を意味することになります。

【A57】

漢	軍	不	知	項	王	所	在

〔確認用訓読文〕漢軍不レ知二ラ項王ノ所一レヲ在ル（『史記』項羽本紀）

《Q58》吾《われ》と子《し》との共《とも》に食《く》らふ所《ところ》なり。（全七字／置き字ナシ／第四字＝「之」）

「吾と子と」が「吾与子」になることは、《Q56》と同じです。あとは「Nノ〔之〕所レVスル」に当てはめるだけですが、副詞「共」の位置が気になるでしょう。「所共食」か、それとも「共所食」か。想い起こしてください、ここで解決の鍵となるのは、例の《修被直結原則》です。副詞「共」が動詞「食」に掛かって修飾関係を形成するのですから、両者のあいだに「所」を差し挟むことはできません。つまり、前者「所共食」が正解です。あとは字数の調整ですが、末尾「なり」を「也」に改めて「吾ト与レノ子所二共ニ食一ラフ也」と復元しても、文法的な間違いはありません。ただし、本問では「第四字＝「之」」という条件がありますので、「なり」は、「也」に改めることなく、送り仮名とします。

【A58】

吾	与	子	之	所	共	食

〔確認用訓読文〕吾ト与《と》レ子之所ナリ二共ニ食一ラフ（〔宋〕蘇軾「前赤壁賦」）

《Q59》己《おのれ》の欲《ほっ》せざる所《ところ》は、人《ひと》に施《ほどこ》すこと勿《な》かれ。（全八字／第七字＝置き字「於」）

不足する二字は、指定された置き字「於」と、「ざる」を改めた「不」で補います。後半は、英語の〈Do not〉と同じく、禁止命令「勿」を動詞の直前に置いて、「勿施於人」と組み上げればよい。これは容易な作業でしょう。問題は、前半の「不」の位置です。定石どおり「己所欲」と復元してから、「不」をどこに入れるか。実は、ここでも原則そのままに処理すればよいのです。否定の副詞「不」は動詞「欲」に掛かりますから、またもや《修被直結原則》により、「不欲」の二字は切り離せません。すなわち、前半は「己所不欲」となります。否定「不」

は、訓読においてこそ打消の助動詞「ず」を当てますが、漢文としては、あくまで副詞です。訓読上の品詞＝助動詞と、漢文としての品詞＝副詞とのずれを、改めて確認してください。

なお、「己所不欲」が前半になることを前提として説明しているのは、「己の欲せざる所は」と、助詞「は」が付いているからです。もし「己の欲せざる所を」であれば、続く「人に」と併せて、助詞「〜を…に」の連用となりますので、〔V／(OQ)〕変換をほどこすべく、目的語「己所不欲」と後位副詞句「於人」を書き下し文の語順どおり動詞「施」の下に並べ、「勿カレレ施スコト二己ノ所ヲレ不ルレ欲セ於人ニ一」と復元せねばなりません。

【A59】

己	所	不	欲	、	勿	施	於	人

〔確認用訓読文〕己ノ所ハレ不ルレ欲セ、勿カレレ施スコト二於φ人ニ一（『論語』顔淵）

《Q60》范増《はんぞう》 佩《お》ぶる所《ところ》の玉玦《ぎよくけつ》を挙《あ》ぐ。（全七字／置き字ナシ）

本問は、「佩ぶる所」が助詞「の」を介して「玉玦」に掛かっている点に注意してください。つまり、修飾語「所佩」を被修飾語「玉玦」と直結させることになります。そして、その「〈所佩玉玦〉を挙ぐ」というのですから、「所佩玉玦」が動詞「挙」の目的語になることは明らかでしょう。むろん、書き下し文に見える漢字七字で字数は充足されているので、「の」を

「之」に書き改める必要はありません。何も助詞が付いていない「范増」は、そのまま主語として文頭に置きます。もし「范増の佩ぶる所の玉玦」であれば、「挙二グ范増ノ所レノ佩ブル玉玦一ヲ」と復元することになるでしょう。一字たりとも助詞に対する注意を怠ってはいけません。

【A60】

范	増	挙	所	佩	玉	玦

〔確認用訓読文〕范増挙二グ所レノ佩ブル玉玦一ヲ（『史記』項羽本紀／改変）

《Q61》独《ひと》り項王《かうわう》のみの殺《ころ》す所《ところ》の漢軍《かんぐん》数百人《すうひやくにん》なり。（全十字／置き字ナシ）

「項王」に限定「独り〜のみ」が掛かっていますが、まずは落ち着いて「N_1ノ所レノVスルN_2」に語句を当てはめ、「項王所殺漢軍」と復元してください。「独」は、《順行配置則》に基づき、文頭に記して「項王」にかぶせるだけです。その「独項王所殺漢軍」が主語に、「数百人」が補語になります。問題文に見える漢字で字数は足りているので、いずれかの「の」を「之」に改めたり、末尾の「なり」を「也」に復元したりする必要はありません。すべて送り仮名とします。

【A61】

独	項	王	所	殺	漢	軍	数	百	人

〔確認用訓読文〕独リ項王ノミノ所レノ殺ス漢軍数百人ナリ（『史記』項羽本紀）

《Q62》大丈夫《だいぢやうふ》の守《まも》る所《ところ》の者《もの》は道《みち》にして、待《ま》つ所《ところ》の者《もの》は時《とき》なり。（全十一字／置き字ナシ）

書き下し文の漢字で字数は足りていますから、やはり「の」や「なり」を漢字に改める必要はなく、また「置き字ナシ」ですので、「道にして」に応じて「而」を記す作業も不要です。つまり、「N_1ノ所レノVスルN_2」に語句を当てはめるのみ。冒頭「大丈夫の」は、意味上、下方の「待つ所の者」にも掛かり、本来は「大丈夫の待つ所の者」の意です。繰り返しを避けるべく、下方では省略されています。

本問のように「N_1ノ所レノVスルN_2」のN_2が「者」となる例は、漢文に数多く現れます。この「所レノVスル者」（Vする所の者）は、「所以《ゆゑん》」にも応用が利きますので、ぜひ記憶にとどめてください。〈形容詞的修飾語句＋「者」〉については、次の「Ⅳ 発展篇」で集中的に練習します。

【A62】

大	丈	夫	所	守	者	道	、	所	待	者	時

〔確認用訓読文〕大丈夫ノ所レノ守ル者ハ道ニシテ、所レノ待ツ者ハ時ナリ（〔唐〕白居易「与元九書」）

《Q63》太祖《たいそ》流矢《りうし》の中《あ》たる所《ところ》と為《な》る。（全七字／置き字ナシ）

主語「太祖」を文頭に置き、あとは「為ニルN ノ所レトVスル」に語句を当てはめるだけ。「流れ矢の中《あ》たる対象となった」→「流れ矢に中《あ》たられた」と受身の意味になります。もちろん、最終的には「流れ矢に中《あ》たった」と訳すことになるでしょう。

【A63】

太	祖	為	流	矢	所	中

〔確認用訓読文〕太祖為ニル流矢ノ所レト中タル（『魏志』武帝紀）

《Q64》張儀《ちやうぎ》嘗《かつ》て楚《そ》に遊《あそ》び、楚《そ》の相《しやう》の辱《はづかし》むる所《ところ》と為《な》る。（全十字／置き字ナシ）

前半は、ふつうの組み立てです。主語「張儀」を文頭に置いてから、「楚に遊び」を「遊楚」とします。副詞「嘗」は動詞「遊」に掛かりますから、両者を密着させて「嘗遊楚」と復元するのは当然でしょう。後半が受身形ですが、やはり「為ニルN ノ所レトVスル」に語句をはめ込むだけです。「楚の相」を修飾関係と捉え、「楚相」一語にしてNに当てはめる点さえ誤らなければ、作業は容易だろうと思います。

【A64】

張	儀	嘗	遊	楚	、	為	楚	相	所	辱

〔確認用訓読文〕張儀嘗テ遊レビ楚ニ、為ニル楚ノ相ノ所レト辱ムル（『十八史略』春秋戦国・魏／改変）

《Q65》位《くらゐ》無《な》きことを患《うれ》へず、立《た》つ所以《ゆゑん》を患《うれ》ふ。（全八字／置き字ナシ）

冒頭の「位無し」は、言うまでもなく「無位」とします。その「〈無位〉を患へず」という以上、前半は「不患無位」になります。例のとおり「ず」を「不」に復元して不足する一字を補うことは明らかでしょう。後半の「立つ所以」は、定石「所以V」に従って「所以立」と復元し、その「〈所以立〉を患ふ」のですから、当該三字を動詞「患」の目的語とします。「所以立」が名詞相当語句として機能している点を確認してください。

【A65】

不	患	無	位	、	患	所	以	立

〔確認用訓読文〕不レ患ヘレ無キコトヲレ位、患フ三所二以ヲ立ツ一（『論語』里仁）

《Q66》彼《かれ》は矉《ひん》の美《び》なるを知《し》れども、矉《ひん》の美《び》なる所以《ゆゑん》を知《し》らず。

（全十二字／第五字＝置き字「而」）

不足する三字は、条件に記された「而」と、「の」一つを「之」、「ず」を「不」に復元することによって補います。前半「矉の美なる」は、主語「矉」＋補語「美」と捉えてください。その「〈矉美〉を知る」のですから、「矉美」が動詞「知」の目的語になります。条件に従って、第五字すなわち後半の冒頭に「而」を置きますが、この「而」は、順接〈and〉の意ではなく、逆接〈but〉の意です。「矉の美なる所以」は、型どおり「矉所以美」と復元します。「Nノ所㆓以V㆒スル」の動詞Vの位置に形容詞「美」が入ることになりますが、動詞も形容詞も述語として機能する点は共通していますから、ぜひ融通を利かせてください。そして、その「〈矉所以美〉を知らず」というのですから、またもや「矉所以美」四字を動詞「知」の目的語とし、「不」を「知」にかぶせます。残る問題は、前半「の」と後半「の」のどちらを「之」に復元するかですが、前半「の」に「之」を当てると、置き字「而」が第六字に位置することとなり、所定の条件に違反してしまうので、後半「の」を「之」に改めるしかありません。

【A66】 彼知矉美、而不知矉之所以美

〔確認用訓読文〕彼ハ知レドモ㆓矉ノ美ナルヲ㆒、而不㆑知ラ㆔矉之所㆓以ヲ美ナル㆒（『荘子』天運）

《Q67》賢臣《けんしん》を親《した》しみ小人《せうじん》を遠《とほ》ざくるは、此《こ》れ先漢《せんかん》の興隆《こうりゆう》せし所以《ゆゑん》なり。

（全十四字／置き字ナシ／第十四字＝「也」）

「所以」を含む一句が後置された例です。前半「賢臣を親しみ」「小人を遠ざく」が、それぞれ「親賢臣」「遠小人」となることは、もはや念押しするまでもないでしょう。後半は、前半

を受ける「此れ」が主語、「先漢の興隆せし所以」が補語になります。定石どおり「所以」の下に動詞「興隆」を置いて、「先漢所以興隆」としてください。残るは、不足する一字を補うべく、後半に見える「の」を「之」に復元するか、「なり」を「也」に改めるかという問題ですが、所定の条件に従って「なり」を「也」と復元します。当該の条件がなければ、「先漢之所㆓以ナリ興隆㆒セシ」と復文することも可能です。

【A67】

親	賢	臣	遠	小	人	、	此	先	漢	所	以	興	
隆	也												

〔確認用訓読文〕親㆓シミ賢臣㆒ヲ遠㆓ザクルハ小人㆒ヲ、此レ先漢ノ所㆓以興隆㆒セシ也（〔三国・蜀〕諸葛亮「前出師表」）

《Q68》此《こ》の女《むすめ》の嫁《とつ》がざりし所以《ゆゑん》の者《もの》は、将《まさ》に君子《くんし》を求《もと》めて以《もつ》て吾《わ》が身《み》を託《たく》せんとすればなり。（全十五字／置き字ナシ）

「所以」を含む一句が前置された例で、後半に再読文字「将」が現れています。不足する一字は、「ざり」を「不」に復元すれば補えるので、末尾の「なり」を「也」に改める作業は不要です。前半は、「Nノ所二以ノV一スル者」に当てはめるだけですが、《Q59》と同じく、否定の副詞「不」が動詞「嫁」に掛かりますから、《修被直結原則》により、「不嫁」二字は切り離せません。その点にさえ注意すれば、定石どおり「此女所以不嫁者」と復元できます。後半は、再読文字「将」の読み「将に（せんと）す」が全体に掛かっているので、二つの動作「君子を求む」「吾が身を託す」すなわち「求君子」「託吾身」は、いずれも「将」の下に入ります。むろん、この二つの動作は、《順行配置則》に従って、書き下し文の順序のままに並べます。一瞬「以て」に引っ掛かりを覚えるかもしれませんが、思い出してください（→p. 141）、これは「〜を以て」ではなく、単独の「以て」ですから、置き字の接続詞「而」と同じように、二つの動作「求君子」と「託吾身」のあいだに入れて両者を結べばよいのです。

【A68】

此	女	所	以	不	嫁	者	、	将	求	君	子	以	託	吾	身

〔確認用訓読文〕此ノ女ノ所二以ノ不レリシ嫁ガ者ハ、将ニ下レバナリ求二メテ君子一ヲ以テ託中セント吾ガ身上ヲ（〔唐〕孟棨『本事詩』「人面桃花」）

Ⅳ　発展篇

本篇では、前半で主語と述語をつなぐ「之」について、後半で名詞「者」に掛かる形容詞的修飾語句の組み立て方について練習します。どちらも復文において何かと応用の利く重要事項で、漢文に対する文法感覚を養うためにも甚だ有益な作業です。ここまで養ってきた実力を存分に発揮してください。

発展問題1　主語＋「之」＋述語

＊解説&解答　→pp. 243–256

名詞と名詞をつないで修飾関係を形成する「之」ならば、「Ⅲ　修練篇」の問題にも少なからず現れたとおり、日本語の「の」とほぼ同じ《「之」介入現象》ですので、さして難しくありません。「古之賢人」（古《いにしへ》の賢人《けんじん》／『論語』述而）や「君子之道」（君子《くんし》の道《みち》／『論語』子張）などの語順に戸惑うことはないでしょう。一般形で記せば、左のようになります。

N_1之N_2　→N_1のN_2

けれども、「之」が、名詞と名詞をつなぐわけではなく、主語と述語のあいだに入ることがあります。そのまま一般形で書けば「S之P」となりますが、主語は名詞N、述語の代表は動詞Vですから、品詞を主体にすれば、一般形は次のごとく示せます。

N《S》之V《P》

肝腎なのは、このように「之」が入ると、Nが主語S、Vが述語Pでありながら、一つの文として独立できないということです。言い換えれば、この「N《S》之V《P》」は、文の一部分を形成する要素、つまり英語で言えば節《せつ》**clause** の機能を帯び、名詞節として主語や目的語になったり、時を表す副詞節になったりするのです。文法感覚上は、英語で文〈**I go.**〉が従属接続詞を伴って名詞節〈**that I go**〉や副詞節〈**when I go**〉になるのと同様の現象と心得ておけばよいでしょう。漢文では、〈**that**〉〈**when**〉などの接続詞がなくとも、「N《S》之V《P》」と記すだけで名詞節や副詞節として機能し得るわけです。それぞれの典型を一般形で記せば、左のとおり。「や」「なり」は、送り仮名になることもありますし、漢字そのものを「也《や》」「也《なり》」と訓ずることもあります。

1　名詞節

ア　主語　N《S》之V《P》スルヤ〔也《や》〕Pナリ〔也《なり》〕　↓N《S》のVするやPなり

イ　目的語　SV二ス N《S》之V《P》一スルヲ　↓S N《O》のVするをVす

２　副詞節　N^{S}之V^{P}スルヤ〔也《や》〕、…〈主節〉…
　↓N^{AC}のVするや、…〈主節〉…

もっとも、漢字の性質上、「N^{S}之V^{P}」の動詞Vが名詞Nとも解釈できる場合、すなわち「N_1之N_2」と解せる場合があります。たとえば――

不レ知二ラ魚之楽一シム〔ミ〕ヲ（『荘子』秋水）
↓魚《うを》の楽《たの》しむ〔み〕を知《し》らず。

「楽」を、動詞として「楽しむ」と訓ずるのか、それとも名詞として「楽しみ」と読むのか。どちらを採るかは、訓読者の判断によるとしか言いようがありません。

また、「N^{S}之V^{P}」は、述語の代表として動詞Vを記しているにすぎず、文章によっては、動詞Vではなく、形容詞Aが述語となって「N^{S}之A^{P}」となることもありますが、これについても、やはり形容詞Aが名詞Nとも解釈できる場合、すなわち「N_1之N_2」と解せる場合があります。一例を挙げれば――

天下不レ多二トセ管仲之賢一（ナル）ヲ（『史記』管仲伝）

→天下《てんか》管仲《くわんちゆう》の賢《けん》（なる）を多《た》とせず。

「賢」を、形容詞「賢《かしこ》し」のごとく解して「賢なるを」と読むのか、あるいは名詞「賢《かしこ》さ」と解して単に「賢を」と訓ずるのかは、やはり訓読者の判断に任されているのです。

こうした解釈のぶれが生ずる可能性があったとしても、書き下し文では必ずいずれか一つの訓読に絞って示されることになりますので、復文作業にさいして過度に神経質になる必要はありません。ただし、この種の揺らぎが隠されている場合もあることをわきまえておくほうが精神衛生にはよいはずです。

では、以下、「N^{S}之V^{P}」について、名詞節・副詞節の順に練習してみましょう。

1　名詞節を形成する例

ア　主語として機能する場合

すでに掲げた典型例のほか、名詞節「N^{S}之V^{P}」の末尾が「は」となる場合もあり、また「こと」を介して述部につながる場合もあります。念のため典型例をも再掲し、三者の一般形を示しておきましょう。

N^{S}之V^{P}スルヤ〔也《や》〕Pナリ〔也《なり》〕　→N^{S}のVするやPなり
N^{S}之V^{P}スルハ Pナリ〔也《なり》〕　→N^{S}のVするはPなり
N^{S}之V^{P}スルコト Pナリ〔也《なり》〕　→N^{S}のVすることPなり

《Q69》人《ひと》の生《い》くるや直《なほ》し。（全五字／置き字ナシ）

《Q70》君子《くんし》の人《ひと》を愛《あい》するや徳《とく》を以《もつ》てす。（全八字／置き字ナシ／第三字＝「之」）

《Q71》紂《ちう》の武丁《ぶてい》を去《さ》ること未《いま》だ久《ひさ》しからざるなり。（全八字／置き字ナシ／第二字＝「之」）

○紂・武丁＝王の名。

《Q72》天下《てんか》の道《みち》無《な》きや久《ひさ》し。（全八字／第三字＝「之」／第八字＝置き字「矣」）

《Q73》道《みち》の将《まさ》に行《おこな》はれんとするや命《めい》なり。（全八字／第六字＝置き字「与」）

《Q74》君子《くんし》の耕《たがや》さずして食《く》らふは何《なん》ぞや。（全九字／第六字＝置き字「而」／第九字＝「也」）

《Q75》君子《くんし》の音《おん》を聴《き》くは其《そ》の鏗鏘《かうさう》を聴《き》くのみに非《あら》ざるなり。

（全十三字／置き字ナシ／第三字＝「之」／第十一＋十二字＝「而已」）

○音＝音楽。　○鏗鏘＝楽器の音色。

ついでに、右の「N之Vスルヤ〔也《や》〕Pナリ〔也《なり》〕」（NのVするやPなり）に似ている次の形式も練習しておきましょう。「V」を「於」に置き換えるだけのことで、作業の要領はまったく同じです。便宜上、前置詞「於」が動詞化したものと考えてください。

N_1之於《ケルヤ》N_2ニ〔也《や》〕Pナリ〔也《なり》〕　→N_1のN_2に於《お》けるやPなり

《Q76》民《たみ》の仁《じん》に於《お》けるや水火《すいくわ》よりも甚《はなは》だし。（全九字／第二字＝「之」／第七字＝置き字「於」）

《Q77》君子《くんし》の天下《てんか》に於《お》けるや適《てき》も無《な》く莫《ばく》も無《な》し。

（全十三字／第三字＝「之」／第十・十二字＝置き字「也」）

イ　目的語として機能する場合

次は、名詞節「N之V」が目的語となる場合です。一般形を再掲しておきましょう。

S V二ス N之V一スルヲ　→S NのVするをVす

「N之V」の動詞Vは、述語の代表として記したものにすぎませんので、実際には、動詞ではなく、補語として形容詞Aが入る場合もあります。それについても一般形を示しておけば、左のようになります。

S V二ス N之A一ナルヲ　→S　NのAなるをVす

《Q78》紫《むらさき》の朱《しゅ》を奪《うば》ふを悪《にく》むなり。（全六字／置き字ナシ／第三字＝「之」）

《Q79》天《てん》の高《たか》き・気《き》の迥《はる》けきを見《み》る。（全七字／置き字ナシ）

《Q80》老《お》いの将《まさ》に至《いた》らんとするを知《し》らざるのみ。（全八字／置き字ナシ／第七＋八字＝「云爾」）

《Q81》君子《くんし》は其《そ》の言《げん》の其《そ》の行《かう》に過《す》ぐるを恥《は》づ。（全九字／置き字ナシ）

《Q82》臣《しん》　強秦《きやうしん》の漁父《ぎよほ》と為《な》らんことを恐《おそ》るるなり。（全九字／置き字ナシ／第五字＝「之」）

○秦＝国名。

《Q83》吾《わ》が生《せい》の須臾《しゆゆ》なるを哀《かな》しみ、長江《ちやうかう》の窮《きは》まり無《な》きを羨《うらや》む。

（全十二字／置き字ナシ／第四・十字＝「之」）

、

最後に、目的語となる名詞節「N之V」が、本来の位置すなわち動詞の下に入らず、主題提示語句として文頭に置かれた例を一つだけ練習しておきましょう。

《Q84》天《てん》の秦《しん》を亡《ほろ》ぼすは、愚智《ぐち》と無《な》く皆之《みなこれ》を知《し》る。（全十字／置き字ナシ／第二字＝「之」）

○秦＝国名。

□□□□、□□□□□□□

2　時を表す副詞節を形成する例

すでに名詞節「N之V」（S・P）について練習を重ねてきましたが、それがそのまま時を表す副詞節になるだけですから、本項の作業は容易なことと思います。二題だけ練習しておきましょう。念のため一般形を再掲しておけば――

N（S）之V（P）《スルヤ》〔也《や》〕、…〈主節〉…　→　N（AC）のVするや、…〈主節〉…

《Q85》小人《せうじん》の過《あやま》つや、必《かなら》ず文《かざ》る。（全七字／置き字ナシ）

□□□□□、□□

《Q86》人《ひと》の将《まさ》に死《し》なんとするや、其《そ》の言《げん》や善《よ》し。（全八字／置き字ナシ／第七字＝「也」）

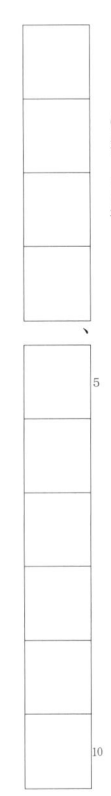

発展問題２　形容詞的修飾語句＋「者」〔付〕連体形＋「之」＋名詞

＊解説＆解答　→pp. 256–272

漢文では、長めの形容詞的修飾語句が下方の名詞「者」へと掛かってゆく例が珍しくありません。すでに「Ⅰ　入門篇」で38「苗ニシテ而不レル秀デ者」（苗《なへ》にして秀《ひい》でざる者《もの》）・39「好レムコト徳ヲ如レクスル好レムガ色ヲ者」（徳《とく》を好《この》むこと色《いろ》を好《この》むが如《ごと》くする者《もの》）などの例を挙げましたし、また「Ⅲ　修練篇」の《Q68》では、実際に「此ノ女ノ所二以ノ不一レリシ嫁ガ者」（此《こ》の女《むすめ》の嫁《とつ》がざりし所以《ゆゑん》の者《もの》）の復文も練習しました。こうした修飾語句を組み立てるのは、おそらく復文において最も難度の高い作業に数えられるだろうと思います。例文49「悦レブ己ヲ者」（己《おのれ》を悦《よろこ》ぶ者《もの》）あるいは《Q62》「所レノ守ル者／所レノ待ッ者」（守《まも》る所《ところ》の者《もの》／待《ま》つ所《ところ》の者《もの》）のごとき短い修飾語句であれば、さほど難しくはありませんが。

もっとも、字数の多い形容詞的修飾語句は、漢文と同じく〈修飾語＋被修飾語〉の語順を持つ日本語にも共通する現象で、たとえば「彼とその周囲のほんの一握りの専門家のあいだでこそ以前からよく知られていたとはいえ、それ以外の私をも含む門外漢にとってはその日その時まで顔を見ることはおろか名すら一度たりとも耳にしたことのなかった者」のような文章はいかがでしょうか。決してほめられた文章ではないでしょうが、だからといって誤った文章とも言えますまい。日本語でも、長々しい修飾語句が「者」に掛かってゆく可能性は排除できません。

要するに、英語などとは異なり、関係代名詞や関係副詞がなく、したがって名詞の直後に関係節を置いて説明を加えることのできない漢文や日本語では、長い修飾語句を被修飾語たる名詞の直前に置かざるを得ない事態が生じ得るのです。

ここでは、そのような形容詞的修飾語句を組み上げる練習をします。被修飾語が「者」に限られるわけではありませんが、「者」を被修飾語の典型として練習しておけば、さまざまな場面で応用が利くことでしょう。いきなり長めの修飾語句に挑戦することは避け、復習も兼ねつつ、短から長へと地道に取り組んでゆくことにします。

まずは、二〜三字の修飾語句が「者」に冠せられる例です。

《Q87》仁《じん》を好《この》む者《もの》（全三字／置き字ナシ）

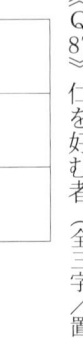

《Q88》徳《とく》有《あ》る者《もの》（全三字／置き字ナシ）

《Q89》不仁《ふじん》を悪《にく》む者《もの》（全四字／置き字ナシ）

《Q90》鳴《な》くこと能《あた》はざる者《もの》（全四字／置き字ナシ）

《Q91》速《すみ》やかに成《な》らんと欲《ほっ》する者《もの》（全四字／置き字ナシ）

次は、四字の修飾語句です。長い修飾語句を組み立てるとき直接に役立つ要素も登場します。

《Q92》人《ひと》の悪《あく》を称《しょう》する者《もの》（全五字／置き字ナシ／第三字＝「之」）

《Q93》始《はじ》め有《あ》り卒《をは》り有《あ》る者《もの》（全五字／置き字ナシ）

《Q94》無《む》為《ゐ》にして治《をさ》まる者《もの》（全五字／第三字＝置き字「而」）

《Q95》勇《ゆう》にして礼《れい》無《な》き者《もの》（全五字／第二字＝置き字「而」）

《Q96》生《う》まれながらにして之《これ》を知《し》る者《もの》（全五字／第二字＝置き字「而」）

さらに、修飾語句が五～七字にわたる例を練習してみましょう。

《Q97》知《し》らずして之《これ》を作《つく》る者《もの》（全六字／第三字＝置き字「而」）

《Q98》多《おほ》く学《まな》んで之《これ》を識《し》る者《もの》（全六字／第三字＝置き字「而」）

《Q99》我《われ》に陳《ちん》・蔡《さい》に従《したが》ふ者《もの》（全六字／第三字＝置き字「於」）

○陳・蔡＝国名。

《Q100》女子《ぢよし》にして男子《だんし》のごとく飾《かざ》る者《もの》（全七字／第三字＝置き字「而」）

《Q101》其《そ》の不可《ふか》なるを知《し》りて之《これ》を為《な》す者《もの》（全八字／第五字＝置き字「而」）

《Q102》親《みづか》ら其《そ》の身《み》に於《お》いて不善《ふぜん》を為《な》す者《もの》（全八字／置き字ナシ）

では、いよいよ修飾語句が八～十字に及ぶ練習に取り組むことにします。慎重に字句を組み上げてください。

《Q103》貧《まづ》しくして道《みち》を楽《たの》しみ、富《と》みて礼《れい》を好《この》む者《もの》（全九字／第二・六字＝置き字「而」）

《Q104》平《たひ》らかに天下《てんか》を治《をさ》めて栄名《えいめい》を垂《た》れんと欲《ほっ》する者《もの》（全十字／第六字＝置き字「而」）

《Q105》狐貉《こかく》を衣《き》たる者《もの》と立《た》ちて恥《は》ぢざる者《もの》（全十字／第七字＝置き字「而」）

《Q106》千金《せんきん》を以《もっ》て涓人《けんじん》をして千里《せんり》の馬《うま》を求《もと》めしめし者《もの》

（全十一字／置き字ナシ／使役動詞＝「使」）

以上で、「者」に掛かる修飾語句を組み立てる骨法は、おおむね理解できたと思います。ただし、ここまでの問題は、すべて〈形容詞的修飾語句＋「者」〉という構造の字句ですから、全体として一つの名詞相当語句を形成するにすぎず、あくまで文の一部分にとどまります。そこで、最後に〈形容詞的修飾語句＋「者」〉を含む長めの復文問題を練習しましょう。わずか三題ですが、総仕上げのつもりで取り組んでください。

《Q107》王《わう》の臣《しん》に其《そ》の妻子《さいし》を其《そ》の友《とも》に託《たく》して楚《そ》に之《ゆ》きて遊《あそ》ぶ者《もの》有《あ》り。

（全十六字／第九・十二字＝置き字「於・而」）　○楚＝国名。

《Q108》国《くに》を為《をさ》めて数《しば》しば法令《はふれい》を更《か》ふる者《もの》は、法《はふ》を法《はふ》とせず、其《そ》の善《よ》しとする所《ところ》を以《もつ》て法《はふ》と為《な》す者《もの》なり。（全十九字／第三字＝置き字「而」）

《Q109》此《これ》を為《な》す所以《ゆゑん》の者《もの》は、将《まさ》に以《もつ》て天下《てんか》後世《こうせい》の人臣《じんしん》と為《な》り二心《にしん》を懐《いだ》きて以《もつ》て其《そ》の君《きみ》に事《つか》ふる者《もの》を愧《は》ぢしめんとすればなり。（全二十五字／置き字ナシ／第十三字＝「之」）

〔付〕　連体形＋「之」＋名詞

ここまでの「者」に関する練習では、「者」の直前に動詞を読む場合、《Q87》「好《この》む者《もの》」・《Q91》「欲《ほっ》する者《もの》」・《Q99》「従《したが》ふ者《もの》」など、動詞の連体形に直接「者」が接続する例ばかりでした。「者」の直前に助動詞や形容詞を訓ずる場合も、《Q90》「能《あた》はざる者《もの》」・《Q95》「無《な》き者《もの》」・《Q106》「求《もと》めしめし者《もの》」のように、やはり連体形に「者」が接続しています。連体形すなわち「連ナルレ体ニ形」（体《たい》に連《つら》なる形）である以上、連体形がそのまま体言つまり名詞「者」につながるのは当然の話で、日本語として不自然な点はありません。

ところが、漢文では、例の《「之」介入現象》すなわち修飾語と被修飾語のあいだに「之」が入って〈修飾語＋「之」＋被修飾語〉となる書き方があり、しかも修飾語の末尾で訓読する語が動詞・助動詞という場合があります。このようなときは、被修飾語の名詞につなげるべく動詞や助動詞を連体形に活用させつつ、「之」を機械的に「の」と訓読するのです。動詞Ｖを典型とし、一般形で示せば次のようになります。

Ｖスル之Ｎ　→Ｖするのﾠ Ｎ

　連体形が直接に名詞へとつながらず、両者のあいだに「の」が割り込むのですから、日本語としては何やら不自然な印象を免れません。しかし、これは漢文訓読に特有の表現で、たとえば福沢諭吉『学問のすゝめ』（明治五〜九年〔1872-76〕）に見える「其《その》子を教《をしふ》るの道」（二編）「独立すること能《あた》はざるの証拠」（三編）のように、いわゆる漢文訓読体の文章でも明治〜大正期に多用された言い回しです。いささか奇妙に響きますが、その不自然さは、あくまでも日本語としての不自然さにすぎず、漢文として不自然な点は一切ありません。

「者」に「之」を冠する「Vスル之者」（Vするの者《もの》）という表現はほとんど記憶にありませんが、その他の名詞では時おり見かけますので、ここで三題だけ練習しておきましょう。「の」をあっさり「之」に改めるだけの作業です。

《Q110》死《し》するの日《ひ》（全三字／置き字ナシ）

《Q111》物《もの》を覧《み》るの情《じやう》（全四字／置き字ナシ）

《Q112》師《し》と言《い》ふの道《みち》（全五字／置き字ナシ）

◎総合問題

＊要点&解答　→pp. 273-277

最後に、ここまで説明してきた種々の要領を確認すべく、計八題の総合問題に取り組んでみてください。字数は手ごろな八〜十四字にとどまり、内容もあらゆる要領を覆い尽くすわけではありませんが、どのような要領を用いて復文するのか、あらかじめ明示されていませんので、さまざまな知識を柔軟に活用する必要があります。この八題をすんなりこなせれば、本書の学習目的は十分に達せられたと考えてよいでしょう。

《Q113》未《いま》だ仁《じん》を蹈《ふ》みて死《し》する者《もの》を見《み》ざるなり。（全八字／第五字＝置き字「而」）

《Q114》民《たみ》の利《り》する所《ところ》に因《よ》りて之《これ》を利《り》す。（全八字／第六字＝置き字「而」）

《Q115》子《し》の哭《こく》するや、壱《いっ》に重《かさ》ねて憂《うれ》へ有《あ》る者《もの》に似《に》たり。（全十字／置き字ナシ）

《Q116》与《とも》に言《い》ふべからずして之《これ》と言《い》へば、言《げん》を失《うしな》ふ。（全十字／第五字＝置き字「而」）

《Q117》孤《こ》の孔明《こうめい》有《あ》るは、猶《な》ほ魚《うを》の水《みづ》有《あ》るがごときなり。（全十一字／置き字ナシ／第二・八字＝「之」）　○孤＝君主の自称。　○孔明＝人名。

《Q118》君子《くんし》は其《そ》の人《ひと》を養《やしな》ふ所以《ゆゑん》の者《もの》を以《もつ》て人《ひと》を害《がい》せず。（全十二字／置き字ナシ／第五字＝「其」）

《Q119》呉王《ごわう》之《これ》を聞《き》き、晋《しん》を去《さ》りて帰《かへ》り、越《ゑつ》と五湖《ごこ》に戦《たたか》ふ。（全十四字／第七・十二字＝置き字「而・於」）　○呉・晋・越＝国名。

《Q120》夫子《ふうし》の性《せい》と天道《てんだう》とを言《い》ふは、得《え》て聞《き》くべからざるなり。

（全十四字／第三字＝「之」／第十二字＝置き字「而」）

以上の総計百二十題を通じて、復文の主な要領は、漏れなく習得できたことと思います。次の「Ⅴ　応用篇」では、復文の作業そのものではなく、復文の技術がどのような場面で役に立つのかを述べることにしましょう。

◇発展篇　《Q69》～《Q112》　解説&解答

発展問題1　《Q69》～《Q86》　解説&解答

《Q69》人《ひと》の生《い》くるや直《なほ》し。（全五字／置き字ナシ）

「の」を「之」、「や」を「也」に改めて字数を整え、「N之V《スル》也《や》P《ナリ》」に単語を当てはめます。「直し」と「P《ナリ》」との相違が気になるかもしれませんが、「P《ナリ》」はあくまで典型例を一般形で示したにすぎません。形容詞「直」も、補語として述部を形成する資格は十分です。ぜひ柔軟に考えてください。

【A69】

人	之	生	也	直

〔確認用訓読文〕人之生《クル》也直《シ》（『論語』雍也）

《Q70》君子《くんし》の人《ひと》を愛《あい》するや徳《とく》を以《もっ》てす。（全八字／置き字ナシ／第三字＝「之」）

右の《Q69》と同様です。「人を愛す」を「愛人」と復元するのは定石どおり。「以」をサ変動詞「以《もっ》てす」に訓ずる例は、すでに説明しました（→p. 70）。一文全体は、「君子《ハ》以《レテ》徳《ヲ》愛《レス》人ヲ」（君子《くんし》は徳《とく》を以《もっ》て人《ひと》を愛《あい》す／「以徳」＝前位副詞句）の変形「君子ハ愛レスルニ人ヲ以レテス徳ヲ」（君子《くんし》は人《ひと》を愛《あい》するに徳《とく》を以《もっ》てす／「以徳」＝後位副詞句）を、さらに変形したものと考えればわかりやすいでしょう。

なお、「の」を形容詞的修飾構造を形成する助詞と見なし、「愛二スル君子之人一ヲ也……」と復文すると、「之」が所定の位置とずれてしまいます。以下、時として設問に加えた条件は、大半が同様の別解を防ぐための措置にほかなりません。助詞「の」を含む書き下し文は、別解が生じやすいのです。

【A70】

君	子	之	愛	人	也	以	徳

〔確認用訓読文〕君子之愛レスル人ヲ也以レテス徳ヲ（『礼記』檀弓上）

《Q71》紂《ちう》の武丁《ぶてい》を去《さ》ること未《いま》だ久《ひさ》しからざるなり。（全八字／置き字ナシ／第二字＝「之」）

「N之Vス」が「こと」を介して述部につながる例です。動詞Vの動作が行われる時間・距離などを述部に記している場合は、たとえば「停マルコト数日」（停《とど》まること数日《すうじつ》）のように、動詞に「こと」を補うのが訓読の通例で、ここでも動詞「去」の行われる時間が述部に「久」と述べられているため、「こと」を補読しているわけです。

所定の条件どおり「の」を「之」に改めるほか、末尾「なり」を「也」に復元すれば、字数が整います。「武丁を去る」が「去武丁」となるのは、例のとおり。あとは、再読文字「未」を形容詞「久」にかぶせるだけです。すでに練習したように、再読文字は動詞に冠するのが通例ですが、「久」のような形容詞に前置する場合もあります。同じく述語になる語句として、動詞と形容詞は、同位置において交換可能な場面が少なくありません。

なお、「去ルコト二紂之武丁ヲ一……」と復文すると、「之」が所定の位置と食い違ってしまいます。

【A71】

紂	之	去	武	丁	未	久	也

〔確認用訓読文〕紂之去ルコト二武丁ヲ一未ダルレ久シカラ也（『孟子』公孫丑上）

補説 本問に見える「Vスルコト＋時間（距離）」は、現代日本語でも「駅で待つこと二十分（＝時間）、やっと友だちが来た」「走ること三十五キロ（＝距離）、ついに独走態勢に入った」などの言い回しで常用されています。

《Q72》天下《てんか》の道《みち》無《な》きや久《ひさ》し。（全八字／第三字＝「之」／第八字＝置き字「矣」）

存在表現「道無し」は、「無道」となります。すでに述べたとおり（→p. 142）、漢文では「無」を動詞と考えてください。所定の条件に従って「の」を「之」とするほか、「や」を「也」

に改め、指定された置き字「矣」を末尾に添えれば、字数の問題は解決します。なお、「無《キ》二天下之道一也《や》……」と復文すると、「之」の位置が所定の条件と異なってしまいます。

【A72】

天	下	之	無	道	也	久	矣

〔確認用訓読文〕天下之無《キ》レ道也久《シ》矣《φ》（『論語』八佾）

《Q73》道《みち》の将《まさ》に行《おこな》はれんとするや命《めい》なり。（全八字／第六字＝置き字「与」）

「の」を「之」、「や」「なり」を「也」に復元し、所定の位置に置き字「与」を記せば、字数は整います。受身を表す「行はれん」が少し気になるでしょうが、ここでは送り仮名となり、「れ」（受身の助動詞「る」の未然形）を漢字（「見」「被」など）に書き直す必要はありません。漢文の動詞には、もともと時制 tense も活用 conjugation もありませんが、態 voice すなわち能動態・受動態の区別もないのです。その点さえ理解できれば、あとは再読文字「将」を動詞「行」に冠するだけ。置き字「与」は、主語を提示する「也《や》」の機能を強める働きを持っています。

【A73】

道	之	将	行	也	与	命	也

〔確認用訓読文〕 道之将レニ行ルハレント也与φ命也（『論語』憲問）

《Q74》君子《くんし》の耕《たがや》さずして食《く》らふは何《なん》ぞや。（全九字／第六字＝置き字「而」／第九字＝「也」）

「の」を「之」、「ず」を「不」に改めれば、条件に見える「而」「也」の二字と合わせて、所定の字数を満たせます。「耕さずして食らふ」は、「ずして」を目安に「而」を置きさえすれば、たやすく「不耕而食」と復元できるでしょう。この四字全体に「君子之」が掛かります。詳しくは、主語「君子」が「之」を介して、「而」の上下に位置する二つの動詞「（不）耕」と「食」の双方を従えるわけです。末尾の「何ぞや」は漢文訓読に多用される言い回しで、本問のように、疑問を表す文末助詞に「也」を用いるのが通例です。

【A74】

君	子	之	不	耕	而	食	何	也

〔確認用訓読文〕 君子之不レシテ耕サ而φ食ラフハ何ゾ也（『孟子』尽心上）

《Q75》君子《くんし》の音《おん》を聴《き》くは其《そ》の鏗鏘《かうさう》を聴《き》くのみに非《あら》ざるなり。

（全十三字／置き字ナシ／第三字＝「之」／第十一＋十二字＝「而已」）

指定された「之」「而已」のほか、末尾の「なり」を「也」に改めれば、字数は整います。例によって、「音を聴く」を「聴音」と復元し、「君子之」の下に組み入れます。同じく、「其の鏗鏘を聴く」は「聴其鏗鏘」とすればよい。それに「而已《のみ》」を加えて、後半全体に「非」をかぶせれば完了です。

なお、「聴ク二ハ君子之音ヲ一」と復文すると、「之」が第四字に位置するので、所定の条件に違反します。

【A75】

君	子	之	聴	音	非	聴	其	鏗	鏘	而	已	也

〔確認用訓読文〕 君子之聴クハレ音ヲ非ザル下聴ク二其ノ鏗鏘ヲ一而已ニ上也（『礼記』楽記）

補説　一般に、「不」が動作の否定「〜しない」、「無」が存在の否定「〜がない」を表すのに対し、「非」は内容の否定「〜ではない」を表します。

《Q76》民《たみ》の仁《じん》に於《お》けるや水火《すいくわ》よりも甚《はなは》だし。（全九字／第二字＝「之」／第七字＝置き字「於」）

所定の「之」「於」のほか、「や」を「也」に改めれば、字数は満たせます。前半は、型どおり「民之於仁也」とします。後半は、置き字「於」が英語〈than〉に相当すること（→p. 62）さえ想い起こせば、容易に「甚於水火」と復元できるでしょう。

なお、「於ケル二民之仁一ニ也……」と復元すると、「之」の位置が所定の条件とずれてしまいます。

【A76】

民	之	於	仁	也	甚	於	水	火

〔確認用訓読文〕民之於ケルレ仁ニ也甚ダシ二於《ゆ》水火一ヨリモ（『論語』衛霊公）

《Q77》君子《くんし》の天下《てんか》に於《お》けるや適《てき》も無《な》く莫《ばく》も無《な》し。

（全十三字／第三字＝「之」／第十・十三字＝置き字「也」）

指定された「の」および二つの「也」に加え、「や」を「也」に改めれば、字数が整います。前半は型どおりですから、何も問題ないでしょう。後半の「適も無く莫も無し」の助詞「も」に抵抗を感じる向きもあるかと思いますが、《Q22》で練習した有名な言い回し「無クレ可モ無シ二不可一モ」（可《か》も無《な》く不可《ふか》も無《な》し）を思い出せば、すんなり違和感が消えることでしょう。

なお、「於ケル二君子之天下一ニ也……」と復元すると、「之」が所定の位置と食い違ってしまいます。

【A77】

君	子	之	於	天	下	也	無	適	也	無	莫
也											

〔確認用訓読文〕君子之於ケル二天下ニ一也無クレ適モ也φ無シレ莫モ也φ（『論語』里仁）

《Q78》紫《むらさき》の朱《しゅ》を奪《うば》ふを悪《にく》むなり。（全六字／置き字ナシ／第三字＝「之」）

指定された「之」のほか、「なり」を「也」に改めて、字数を整えます。例によって「紫の朱を奪ふ」は「紫之奪朱」と復元します。その「〈紫之奪朱〉を悪む」のですから、当該四字を目的語として、動詞「悪」の下に組み入れます。もちろん、「也」は末尾に添えるだけです。

なお、「悪ムレ奪フヲ二紫之朱ヲ一也」と復元すると、「之」の位置が所定の条件と異なってしまいます。

【A78】

悪	紫	之	奪	朱	也

〔確認用訓読文〕悪ム二紫之奪フヲ一レ朱ヲ也（『論語』陽貨）

《Q79》天《てん》の高《たか》き・気《き》の迴《はる》けきを見《み》る。（全七字／置き字ナシ）

二つの「の」を「之」に改めて、字数を合わせます。動詞「見」の下に、目的語として二つの名詞節「天之高」「気之迴」を並べてください。それぞれ「天」「気」を主語、形容詞「高」「迴」を補語すなわち述語とする名詞節です。問題文の「・《なかぐろ》」は、並列された二つの名詞節「天之高」と「気之迴」を区切るための符号にすぎません。解答では省略しておきます。

【A79】

見	天	之	高	気	之	迴

〔確認用訓読文〕見二ル天之高キ・気之迴一ケキヲ（〔唐〕柳宗元「鈷鉧潭記」）

《Q80》老《お》いの将《まさ》に至《いた》らんとするを知《し》らざるのみ。（全八字／置き字ナシ／第七＋八字＝「云爾」）

「の」を「之」、「ざる」を「不」に改め、指定された「云爾」二字を加えれば、字数は満たせます。再読文字「将」を動詞「至」にかぶせて「老之将至」とし、その四字を「知」の目的語とします。あとは「知」を副詞「不」で否定し、末尾に「云爾《のみ》」を添えるだけです。「云爾」は、「～ト云レフ爾カ」（～と爾《しか》か云《い》ふ／「～ト云爾《しかいふ》」とも）をはじめ、数種の訓読が可能ですが、今は簡潔に「のみ」と訓じておきます。

【A80】

不	知	老	之	将	至	云	爾

〔確認用訓読文〕　不ルレ知ラ二老イ之将ニレ至ラント（ルヲ）一云爾　（『論語』述而）

《Q81》君子《くんし》は其《そ》の言《げん》の其《そ》の行《かう》に過《す》ぐるを恥《は》づ。（全九字／置き字ナシ）

字数の調整は、「其の言の」の「の」を「之」に改めれば解決します。すでに承知しているとおり、二つの「其の」の「の」を「之」に復元することはあり得ません。「其の言の其の行に過ぐ」を型どおり「其言之過其行」とし、それを目的語として動詞「恥」の下に組み込めば完成です。

【A81】

君	子	恥	其	言	之	過	其	行

〔確認用訓読文〕　君子ハ恥ヅ三其ノ言之過グルヲ二其ノ行ニ一　（『論語』憲問）

《Q82》臣《しん》　強秦《きやうしん》の漁父《ぎよほ》と為《な》らんことを恐《おそ》るるなり。（全九字／置き字ナシ／第五字＝「之」）

所定の「之」に加え、「なり」を「也」に改めて字数を整えます。冒頭の「臣」は主語。「強秦の漁父と為る」を型に当てはめて「強秦之為漁父」とし、それを動詞「恐」の目的語にすれば、作業は完了です。

なお、「為ランコトヲ二強秦之漁父ト一」と復元すると、「之」の位置が所定の条件とずれてしまいます。

【A82】

臣	恐	強	秦	之	為	漁	父	也

〔確認用訓読文〕臣恐ルル三強秦之為ランコトヲ二漁父一ト也（『戦国策』燕二）

《Q83》吾《わ》が生《せい》の須臾《しゆゆ》なるを哀《かな》しみ、長江《ちやうかう》の窮《きは》まり無《な》きを羨《うらや》む。
（全十二字／置き字ナシ／第四・十字＝「之」）

指定された「之」二字で、字数は調整できます。「吾が生の須臾なる」「長江の窮まり無き」を型どおり「吾生之須臾」「長江之無窮」と復元し、それぞれを動詞「哀」と「羨」の目的語にすれば完成です。

なお、後半を「無キヲ二長江之窮マリ一」と復元すると、「之」が第十一字に位置することとなり、所定の条件に合いません。

【A83】

哀	吾	生	之	須	臾	、	羨	長	江	之	無	窮

〔確認用訓読文〕哀シミ二吾ガ生之須臾ナルヲ一、羨ム二長江之無キヲレ窮マリ（〔宋〕蘇軾「前赤壁賦」）

《Q84》天《てん》の秦《しん》を亡《ほろ》ぼすは、愚智《ぐち》と無《な》く皆之《みなこれ》を知《し》る。（全十字／置き字ナシ／第二字＝「之」）

文頭の名詞節は、所定の条件どおり「の」を「之」に改めて、「天之亡秦」と復元します。「愚智と無く」は、「無」を用いた存在構文の定石に従って「無愚智」とすればよい。ふつうの存在構文ならば、「無愚智」は、「愚智」に何も助詞を付けずに「無ク二愚智一」（愚《ぐ》智《ち》無《な》く）と訓読するはずですので、「愚智と無く」の助詞「と」が気になるでしょうが、この「愚智と無く」すなわち「無ク二愚智ト一」は、《Q22》の解説中に示した「無ク レ貴ト無ク レ賤ト」（貴《き》と無《な》く賤《せん》と無《な》く）と同じ型の言い回し「無ク レ愚ト無ク レ智ト」（愚《ぐ》と無《な》く智《ち》と無《な》く）を縮約した表現です。「皆」はそのまま記しておき、「之を知る」は当然ながら「知之」と復元してください。もちろん、副詞「皆」は動詞「知」に掛かります。代名詞「之」は動詞「知」の目的語ですが、その指示内容は「天の秦を亡ぼす」にほかなりません。つまり、主題提示語句の名詞節「天之亡秦」を、下文の代名詞「之」によって目的語として受け直しているわけです。こうした代名詞「之《これ》」の用法が日本語にも入り込んでいることは、《Q41》の補説で見たとおり。漢文で少なからず見かける表現です。

なお、冒頭を「亡ボスハ二天之秦ヲ一」と復元すると、「之」の位置が所定の条件と食い違ってしまいます。

【A84】

天	之	亡	秦	、	無	愚	智	皆	知	之

〔確認用訓読文〕天之亡ボスハレ秦ヲ、無ク二愚智一ト皆知ルレ之ヲ（『史記』項羽本紀）

《Q85》小人《せうじん》の過《あやま》つや、必《かなら》ず文《かざ》る。（全七字／置き字ナシ）

「の」を「之」、「や」を「也」に改めて字数を整え、型どおり副詞節「小人之過也」を復元します。主節は、副詞「必ず」が動詞「文る」を修飾しますから、書き下し文の語順を変更する必要はありません。

【A85】

小	人	之	過	也	、	必	文

〔確認用訓読文〕小人之過ッ也、必ズ文ル（『論語』子張）

《Q86》人《ひと》の将《まさ》に死《し》なんとするや、其《そ》の言《げん》や善《よ》し。（全八字／置き字ナシ／第七字＝「也」）

例によって「人の」の「の」を「之」に、「や」を「也」に改めて字数の調整を図ります。一瞬、二つの「や」のどちらを「也」に復元するか迷うでしょうが、所定の条件に従うべく、「其の言や」の「や」を「也」に改めてください。つまり「死なんとするや」の「や」は、送り仮名となります。前半は、再読文字「将」を動詞「死」に載せ、「人之将死」とすればよいでしょう。後半は、書き下し文の語順どおりに漢字を並べるだけです。

【A86】

人	之	将	死	、	其	言	也	善

〔確認用訓読文〕人之将ニレルヤ死ナント、其ノ言也善シ（『論語』泰伯）

補説　一般に、現行の漢文訓読ではナ変動詞「死《し》ぬ」「往《い》ぬ」を用いず、代わりにサ変動詞「死《し》す」と四段動詞「往《ゆ》く」を使いますから、ナ変動詞「死ぬ」を用いた本問の訓読「死なんとす」に違和感を抱く向きもあるでしょうが、これは古来そのように読み慣わされてきた有名な一文ですので、例外としてナ変動詞が生き残っているものと考えてください。サ変動詞にして「死せんとす」と訓じても、今一つ耳に馴染まぬ印象こそあれ、決して誤りとは言えません。

発展問題2《Q87》〜《Q112》解説&解答

《Q87》仁《じん》を好《この》む者《もの》（全三字／置き字ナシ）

《Q88》徳《とく》有《あ》る者《もの》（全三字／置き字ナシ）

《Q87》の修飾語句は「VレスOヲ」すなわち〈動詞＋目的語〉構造です。

《Q88》は、「有」を用いた存在構文が「者」の修飾語句となります。《Q87》と同様に「有レッ徳ヲ」（徳《とく》を有《も》つ）と訓読することも可能です。

【A87】

好
仁
者

〔確認用訓読文〕好レム仁ヲ者（『論語』里仁）

【A88】

有
徳
者

〔確認用訓読文〕有レル徳者（『論語』憲問）

《Q89》不仁《ふじん》を悪《にく》む者《もの》（全四字／置き字ナシ）
《Q90》鳴《な》くこと能《あた》はざる者《もの》（全四字／置き字ナシ）
《Q91》速《すみ》やかに成《な》らんと欲《ほっ》する者《もの》（全四字／置き字ナシ）

《Q89》の修飾語句は、《Q87》と同じく〈動詞＋目的語〉構造です。

《Q90》は「不レ能ハVスルコト」（Vすること能《あた》はず）を、《Q91》は「欲レスVセント」（Vせんと欲《ほっ》す）を用いた修飾語句です。《Q91》では、副詞「速」が動詞「成」を修飾しますので、両者を切り離すことはできません。熟語「速成《そくせい》」を想い起こしてください。

【A89】

悪
不
仁
者

〔確認用訓読文〕悪ム二不仁ヲ一者（『論語』里仁）

【A90】

不	能	鳴	者

〔確認用訓読文〕不ルレ能ハレ鳴クコト者（『荘子』山木）

【A91】

欲	速	成	者

〔確認用訓読文〕欲スル二速ヤカニ成ラント一者（『論語』憲問）

《Q92》人《ひと》の悪《あく》を称《しょう》する者《もの》（全五字／置き字ナシ／第三字＝「之」）

《Q93》始《はじ》め有《あ》り卒《をは》り有《あ》る者《もの》（全五字／置き字ナシ）

《Q92》は、例によって〈動詞＋目的語〉構造の修飾語句ですので、「の」を「之」に改めて字数を整えるのみ。「人之称スルレ悪ヲ者」と復元すると、「之」の位置が所定の条件に合いません。

《Q93》は、存在構文「有リレN」（N有《あ》り）を二つ重ねるだけです。

【A92】

称	人	之	悪	者

〔確認用訓読文〕称二スル人之悪一ヲ者（『論語』陽貨）

【A93】

有	始	有	卒	者	5

〔確認用訓読文〕有レリ始メ有レル卒リ者（『論語』子張）

《Q94》無為《むゐ》にして治《をさ》まる者《もの》（全五字／第三字＝置き字「而」）
《Q95》勇《ゆう》にして礼《れい》無《な》き者《もの》（全五字／第二字＝置き字「而」）
《Q96》生《う》まれながらにして之《これ》を知《し》る者《もの》（全五字／第二字＝置き字「而」）

三題とも、「にして」を目安として、置き字の接続詞「而」を記します。

《Q95》のように、「而」の下に存在構文「無レシN」（N無《な》し）が入ることもあります。

《Q96》は、一瞬「生まれ、い、い、い、い、ながらにして」という長たらしい送り仮名に戸惑うかもしれませんが、落ち着いて「生而」と復元してください。訓読に少なからず現れる言い回しですので、「生まれながらにして」を見たとたん、すぐ「生而」二字が思い浮かぶようにしたいものです。

字数が多めの修飾語句には、しばしば接続詞「而」が置き字として現れます。ぜひ書き下し文の「(ず)して」「にして」に注意してください。

【A94】

無	為	而	治	者

5

〔確認用訓読文〕無為《ニシテ》而《φ》治《マル》者（『論語』衛霊公）

【A95】

勇	而	無	礼	者

5

〔確認用訓読文〕勇《ニシテ》而《φ》無《レキ》礼者（『論語』陽貨）

【A96】

生	而	知	之	者

5

〔確認用訓読文〕生《マレナガラニシテ》而《φ》知《レル》之《ヲ》者（『論語』季氏）

《Q97》知《し》らずして之《これ》を作《つく》る者《もの》（全六字／第三字＝置き字「而」）

《Q98》多《おほ》く学《まな》んで之《これ》を識《し》る者《もの》（全六字／第三字＝置き字「而」）

《Q97》は、「ず」を「不」に改め、「ずして」に留意しつつ置き字「而」を記します。

《Q98》は、「学んで」に惑わされないようにしてください。これは、「学びて」の「び」が撥音便「ん」に変化したのに伴い、「て」が連濁して「で」になったものですから、「して」と同じ感覚で捉えて「而」を書き込むだけ。訓読では音便が多用されますが、もし抵抗を覚える場合は、原形にもどして考えればよいのです。

【A97】

不	知	而	作	之	者

〔確認用訓読文〕不シテレ知ラ而《φ》作ルレ之ヲ者（『論語』述而）

【A98】

多	学	而	識	之	者

〔確認用訓読文〕多ク学ンデ而《φ》識ルレ之ヲ者（『論語』衛霊公）

《Q99》我《われ》に陳《ちん》・蔡《さい》に従《したが》ふ者《もの》（全六字／第三字＝置き字「於」）

「我に陳・蔡に」のごとく「～に…に」となっているので、〔V／（OQ）〕変換をほどこすべく、「我」と「陳・蔡」を書き下し文の順序どおり動詞「従」の下に組み入れます。二つの国名の並列「陳・蔡」は、接続詞がありませんので、ただ並べておけばよい。その二字に前置詞の置き字「於」をかぶせて作業完了です。《Q79》と同じく、解答では並列の「・《なかぐろ》」を省略します。

【A99】

従	我	於	陳	蔡	者

〔確認用訓読文〕従二フ我ニ於陳・蔡一ニ者（『論語』先進）

《Q100》女子《ぢよし》にして男子《だんし》のごとく飾《かざ》る者《もの》（全七字／第三字＝置き字「而」）

「女子にして」を目安に「而」を記すのは、例のとおり。一瞬「のごとく」に引っ掛かりを覚えるかもしれませんが、これは名詞「男子」が比喩を表す副詞に転用されたために生じた言い回し（→p.57）ですから、そのまま送り仮名にするだけ。結果として、副詞「男子」が動詞「飾」を修飾しますので、語順を入れ換える必要はありません。

【A100】

女	子	而	男	子	飾	者

〔確認用訓読文〕女子ニシテ而男子ノゴトク飾ル者（『説苑』政理）

《Q101》其《そ》の不可《ふか》なるを知《し》りて之《これ》を為《な》す者《もの》（全八字／第五字＝置き字「而」）

「其の不可なるを知りて」「之を為す」とあるので、「其不可」を動詞「知」の、「之」を動詞「知」の目的語とします。あとは、定石どおり「知りて」に着目し、「而」で上下をつなげば完成です。

【A101】

知	其	不	可	而	為	之	者

〔確認用訓読文〕知二リテ其ノ不可一ナルヲ而ϕ為レス之ヲ者（『論語』憲問）

《Q102》親《みづか》ら其《そ》の身《み》に於《お》いて不善《ふぜん》を為《な》す者《もの》（全八字／置き字ナシ）

「置き字ナシ」ですから、「於いて」を見て恣意《しい》に「而」を記したりしてはいけません。「於」は前置詞ですから、英語の場合と同じく、名詞「其身」を従えます。副詞「親」を「於」の下に組み込む可能性はありません。「不善を為す」が「為不善」となることは言うまでもないでしょう。前置詞「於」の導く副詞句が動詞「為」に先行して前位副詞句となっているために、「於」が置き字にならず、「於《お》イテ」と訓じられている点（→p. 77）を確認してください。

【A102】

親	於	其	身	為	不	善	者

〔確認用訓読文〕親ラ於二イテ其ノ身一ニ為二ス不善一ヲ者（『論語』陽貨）

《Q103》貧《まず》しくして道《みち》を楽《たの》しみ、富《と》みて礼《れい》を好《この》む者《もの》（全九字／第二・六字＝置き字「而」）

置き字「而」を含む四字句が二つ重なって修飾語句を形成する例です。「貧しくして」「富みて」に留意しつつ二つの置き字「而」を記し、それぞれの下に「道を楽しみ」＝「楽道」と「礼を好む」＝「好礼」を組み入れてください。

【A103】

貧	而	楽	道	、	富	而	好	礼	者

〔確認用訓読文〕貧シクシテ而楽シミレ道ヲ、富ミテ而好ムレ礼ヲ者（『論語』学而）

補説 現行の『論語』は、一般に「道」字を欠き、前半を「貧而楽」三字に作っていますが、ここでは前半を「貧而楽道」四字とする本文《テクスト》に従います。

《Q104》 平《たひ》らかに天下《てんか》を治《をさ》めて栄名《えいめい》を垂《た》れんと欲《ほっ》する者《もの》（全十字／第六字＝置き字「而」）

「天下を治めて」を「治天下」とし、副詞「平」を動詞「治」にかぶせて「平治天下」に作ります。「天下を治めて」を目安に「而」を記すのは、例のとおり。「栄名を垂れん」を「垂栄名」とするのは容易でしょう。問題は「欲」の位置ですが、下方の「垂栄名」だけに掛けて「平ラカニ治メテ二天下ヲ一而欲スルレ垂レント二栄名ヲ一者」と復元すると、置き字「而」が第五字となり、所定の位置とずれてしまいます。これを解決するには、「欲」を冒頭に置き、「平治天下」と「垂栄名」の双方に掛けるしかありません。

【A104】

欲	平	治	天	下	而	垂	栄	名	者

〔確認用訓読文〕 欲スル下平ラカニ治メテ二天下ヲ一而垂レント中栄名ヲ上者（『説苑』尊賢）

《Q105》 狐貉《こかく》を衣《き》たる者《もの》と立《た》ちて恥《は》ぢざる者《もの》（全十字／第七字＝置き字「而」）

一見、「狐貉を衣たる者」と「立ちて恥ぢざる者」が「と」で並列されているように思われますが、そうではありません。想い起こしてください、二つの名詞を接続詞「与」で並列するときは、「Xト与《と》レY」（XとYと）のごとく、助詞「と」を名詞それぞれに付けて訓読するのです（→p. 50）。ここでは「と」が一つしかないので、二つの名詞の並列とは解せません。では、どう考えるべきか。「と」を「与」に改めなければ、「ざる」を「不」とし、置き字「而」を加えても、字数が不足してしまいます。したがって、「与」を用いるのはたしかですが、実は接続詞ではなく、前置詞として「与」を使うのです。つまり、前置詞「与」が名詞「狐貉を衣たる者」すなわち「衣狐貉者」を従え、動詞「立」に対して前位副詞句を形成すると理解すれば、全体が整然と組み上がります。末尾の「者」に掛かる修飾語句のなかにも「者」が入っている入《い》れ子《こ》構造だと考えればわかりやすいでしょう。「立ちて」に着目して置き字「而」を挿入し、「恥ぢざる」を「不恥」とすることは、もはや念押しするまでもありません。

【A105】

与	衣	狐	貉	者	立	而	不	恥	者

〔確認用訓読文〕与《と》下衣二タル狐貉一ヲ者上立チテ而《φ》不レル恥ヂ者（『論語』子罕）

《Q106》千金《せんきん》を以《もっ》て涓人《けんじん》をして千里《せんり》の馬《うま》を求《もと》めしめし者《もの》

（全十一字／置き字ナシ／使役動詞＝「使」）

使役構文「使二ムNヲシテVセ一」（NをしてVせしむ）が用いられていますが、「千金を以て」は使役表現の範囲外にありますので、前位副詞句「以千金」として、そのまま冒頭に置きます。あとは、使役構文の型どおり、Nに「涓人」を、Vに「求」を当てはめるだけです。名詞「千里の馬」すなわち「千里馬」が動詞「求」の目的語になることは、言うまでもないでしょう。字数の関係から、「千里之馬」とは記せません。

【A106】

以	千	金	使	涓	人	求	千	里	馬	者

〔確認用訓読文〕以二テ千金一ヲ使三メシ涓人ヲシテ求二メ千里ノ馬一ヲ者（『十八史略』春秋戦国・燕）

《Q107》王《わう》の臣《しん》に其《そ》の妻子《さいし》を其《そ》の友《とも》に託《たく》して楚《そ》に之《ゆ》きて遊《あそ》ぶ者《もの》有《あ》り。

（全十六字／第九・十二字＝置き字「於・而」）

「王の臣」の「の」を「之」に改めて字数を整えましょう。「王の臣に……者有り」が一文の骨格「王之臣有……者」を形成します。あとは、「者」に掛かる修飾語句を組み上げるだけ。「其の妻子を其の友に託して」は、「〜を…に」の〔V／（OQ）〕変換ですから、そのままの順序で動詞「託」の下に並べ、「其友」に置き字「於」をかぶせてください。「託して」に留意して置き字「而」さえ記せば、「楚に之きて遊ぶ」を「之楚遊」と復元するのは容易でしょう。「之きて」を目安に「之レキテ楚ニ而遊ブ」とすると、「而」が所定の位置とずれてしまいます。

「有二リ〜者一」（〜者《もの》有《あ》り）は、〈形容詞的修飾語句＋「者」〉が現れる代表的な構文です。本問の修飾語句「託其妻子於其友而之楚遊」は十一字から成りますが、このくらいの長さの字句が「者」に掛かることは、決して珍しくありません。

【A107】

王	之	臣	有	託	其	妻	子	於	其	友	而	
之	楚	遊	者									

〔確認用訓読文〕王之臣ニ有下リ託二シテ其ノ妻子ヲ於其ノ友一ニ而之レキテ楚ニ遊ブ者上（『孟子』梁恵王下）

《Q108》国《くに》を為《をさ》めて数《しば》しば法令《はふれい》を更《か》ふる者《もの》は、法《はふ》を法《はふ》とせず、其《そ》の善《よ》しとする所《ところ》を以《もつ》て法《はふ》と為《な》す者《もの》なり。（全十九字／第三字＝置き字「而」）

「……者は、……者なり」が一文全体の骨格を形作ります。置き字「而」に加え、「ず」を「不」、「なり」を「也」に改めて字数を満たしてください。例のごとく、「国を為め」「法令を更ふ」は、「為国」「更法令」とします。「為めて」を目安に置き字「而」を記し、副詞「数」を動詞「更」に冠すれば、初めの部分は完成です。次の「法を法とせず」は、「法」を名詞「法」と動詞「法とす」とに使い分けています。見た目には違和感があるかもしれませんが、基本そのままに〈動詞「法」＋目的語「法」〉とし、動詞「法」を「不」で否定して「不法法」とすれば宜しいのです。最後の部分には、漢文で多用される「以ㇾテXヲ為ㇾスYト」（Xを以《もつ》てYと為《な》す）が見えます。Xに相当する「其の善しとする所」は、例の「所ㇾVスル」（Vする所《ところ》）に注意してください。Yは「法」一字だけです。

上方の「者」を「為国而数更法令」七字が、下方の「者」を「不法法、以其所善為法」九字が修飾する構造です。

【A108】

為	国	而	数	更	法	令	者

、

不	法	法

、

以	其	所	善	為	法	者	也

15

〔確認用訓読文〕為レメテ国ヲ而数ゝ更二フル法令一ヲ者ハ、不レ法レトセ法ヲ、以二テ其ノ所一レヲ善シトスル為レス法ト者也

（『説苑』政理）

補説　右の訓読文で「数」に付けた二の字点「ゝ」については、すでに《Q31》の補説で説明済みです。

《Q109》此《これ》を為《な》す所以《ゆゑん》の者《もの》は、将《まさ》に以《もつ》て天下後世《てんかこうせい》の人臣《じんしん》と為《な》り二心《にしん》を懐《いだ》きて以《もつ》て其《そ》の君《きみ》に事《つか》ふる者《もの》を愧《は》ぢしめんとすればなり。（全二十五字／置き字ナシ／第十三字＝「之」）

《Q68》と同じく、「所以」を含む一句が前置され、その後方に再読文字「将」が用いられた一文で、「天下後世の」の「の」を「之」に、末尾の「なり」を「也」に改めれば、字数は整います。一瞬「所以の者」の「の」を「之」に書き換えたくなったかもしれませんが、それでは「之」の位置が所定の条件とずれてしまいます。すでに記したとおり（→p. 169）、そもそも「所二以V一スル之《の》者」という書き方それ自体が存在しない可能性も高いので、「此を為す所以の者は」は、「所二以ノV一スル者」（Vする所以《ゆゑん》の者《もの》）を用いて語順を調整してください。「此を為す」は、むろん「為此」です。

再読文字「将」すなわち「将《まさ》に（Vせんと）す」は、文末の「愧《は》ぢしめんとす」まで全体に掛かります。中途に二つの「以て」が現れますが、いずれも「以レテNヲ」（Nを以《もっ》て）ではなく、単独の「以て」ですので、書き下し文の語順のままに置くだけで差し支えありません。「人臣と為り」「二心を懐き」「其の君に事ふ」を、それぞれ「為人臣」「懐二心」「事其君」と復元するのは、まさしく《格言》の「鬼と」＝「を・に・と」のとおりです。

使役表現「愧ぢしめん」が気になりますが、もし使役動詞を用いるのであれば、たとえば「使」を使って「使二ムNヲシテV一セ」（NをしてVせしむ）という言い回しになるはずです。けれども、本問では、送り仮名「をして」が見当たらず、使役動詞に関する指示もありませんから、「使二メン〜者ヲシテ愧一ヂ」とは復元できず、動詞「愧」に送り仮名として使役表現「しめん」を付けることになります。末尾の「とすればなり」は、上文の前置された「所以の者は」に呼応して〈原因・理由〉を表す言い回しで（→pp. 169–170）、「とすれば」を送り仮名とし、最後に「也」を置いてください。

なお、第九〜十六字を「為二リ天下後世之人臣一ト」と復元すると、「之」の位置が第十四字になってしまい、やはり所定の条件「第十三字＝「之」」に合いません。

上方の「者」を「所以為此」四字が、下方の「者」を「天下後世之為人臣懐二心以事其君」十五字が修飾する構造です。後者のうち、第九〜十三字「天下後世之」は、文法上、他の修飾語句「為人臣懐二心以事其君」を飛び越えて、第二十四字「者」に掛かります。

【A109】

所	以	為	此	者	、	将	以	愧	天	下	後	世
之	為	人	臣	懐	二	心	以	事	其	君	者	
也												

〔確認用訓読文〕所ユ以ノ為レス此ヲ者ハ、将ニ下レバ以テ愧チシメント中天下後世之為リ二人臣ト一懐キテ二二心ヲ一以テ事フル二其ノ君ニ一者上ヲ也（『史記』刺客列伝）

《Q110》死《し》するの日《ひ》（全三字／置き字ナシ）

《Q111》物《もの》を覧《み》るの情《じやう》（全四字／置き字ナシ）

《Q110》は、説明を加えるまでもないでしょう。「の」を「之」に書き直すのみ。

《Q111》も、「物を覧る」を「覧物」に改めて、「之」を入れるだけです。

【A110】

死	之	日

〔確認用訓読文〕死スル之日（『論語』季氏）

【A111】

覧	物	之	情

〔確認用訓読文〕覧レル物ヲ之情（〔宋〕范仲淹「岳陽楼記」）

《Q112》師《し》と言《い》ふの道《みち》（全五字／置き字ナシ）

「の」を「之」に改めるだけでは字数が足りませんので、「と」を前置詞「与」に復元します。

《Q105》にも前置詞「与」が見えました。「と」には常に注意してください。

【A112】

与	師	言	之	道

〔確認用訓読文〕与《と》レ師言フ之道（『論語』衛霊公）

◇総合問題　《Q113》～《Q120》　要点&解答

以下の八題については、解説を省き、要点《ポイント》を書き記すにとどめます。問題それぞれについて、なぜそのような語順になるのか、要点を参考にしつつ自ら吟味してみてください。学習済みの事項ばかりです。

《Q113》未《いま》だ仁《じん》を蹈《ふ》みて死《し》する者《もの》を見《み》ざるなり。（全八字／第五字＝置き字「而」）

・再読文字「未」　・置き字「而」　・形容詞的修飾語句＋「者」

【A113】

未	見	蹈	仁	而	死	者	也

〔確認用訓読文〕未ダルレ見ニ蹈ミテレ仁ヲ而死スル者ヲ一也（『論語』衛霊公）

《Q114》民《たみ》の利《り》する所《ところ》に因《よ》りて之《これ》を利《り》す。（全八字／第六字＝置き字「而」）

・N之所レVスル　・置き字「而」

【A114】

因	民	之	所	利	而	利	之

〔確認用訓読文〕 因リテ二民之所ニ一レ利スル而《φ》利レス之ヲ（『論語』堯曰）

《Q115》子《し》の哭《こく》するや、壱《いつ》に重《かさ》ねて憂《うれ》へ有《あ》る者《もの》に似《に》たり。（全十字／置き字ナシ）

・N之Vスル也《や》　・副詞「壱」＋動詞「似」　・副詞「重」＋動詞「有」

・形容詞的修飾語句＋「者」

【A115】

子	之	哭	也	、	壱	似	重	有	憂	者

〔確認用訓読文〕 子之哭スル也、壱ニ似タリ二重ネテ有ル一レ憂ヘ者ニ一（『礼記』檀弓下）

《Q116》与《とも》に言《い》ふべからずして之《これ》と言《い》へば、言《げん》を失《うしな》ふ。（全十字／第五字＝置き字「而」）

・副詞「与」＋動詞「言」　・「不レ可レカラVス」　・置き字「而」

・前置詞「与」＋代名詞「之」＝前位副詞句

【A116】

不	可	与	言	而	与	之	言	、	失	言

〔確認用訓読文〕 不レシテ可二カラ与ニ言一フ而《φ》与《と》レ之言ヘバ、失レフ言ヲ（『論語』衛霊公）

《Q117》孤《こ》の孔明《こうめい》有《あ》るは、猶《な》ほ魚《うを》の水《みづ》有《あ》るがごときなり。

（全十一字／置き字ナシ／第二・八字＝「之」）

・N之VスルハN ・再読文字「猶」＝連結動詞 **linking verb**

【A117】

孤	之	有	孔	明	、	猶	魚	之	有	水	也

〔確認用訓読文〕孤之有ルハ二孔明一、猶ホ二魚之有ルガレ水也（『蜀志』諸葛亮伝）

《Q118》君子《くんし》は其《そ》の人《ひと》を養《やしな》ふ所以《ゆゑん》の者《もの》を以《もつ》て人《ひと》を害《がい》せず。

（全十二字／置き字ナシ／第五字＝「其」）

・所二以ノV一スル者 ・前置詞「以」＋名詞相当語句「其～者」＝前位副詞句

・否定の副詞「不」の位置

【A118】

君	子	不	以	其	所	以	養	人	者	害	人

〔確認用訓読文〕君子ハ不乙以テ下其ノ所二以ノ養フレ人ヲ者ヲ上害セ甲レ人ヲ（『孟子』梁恵王下）

《Q119》呉王《ごわう》之《これ》を聞《き》き、晋《しん》を去《さ》りて帰《かへ》り、越《ゑつ》と五湖《ごこ》に戦《たたか》ふ。

（全十四字／第七・十二字＝置き字「而・於」）

・置き字「而」　・前置詞「与」＋名詞「越」＝前位副詞句

・前置詞「於」＋名詞「五湖」＝後位副詞句

【A119】

呉	王	聞	之	、	去	晋	而	帰	、	与	越	戦
於	五	湖										

〔確認用訓読文〕呉王聞キレ之ヲ、去リテレ晋ヲ而φ帰リ、与《と》レ越戦フ二於φ五湖一ニ（『史記』仲尼弟子列伝）

《Q120》夫子《ふうし》の性《せい》と天道《てんだう》とを言《い》ふは、得《え》て聞《き》くべからざるなり。

（全十四字／第三字＝「之」／第十二字＝置き字「而」）

・N之Vスルハ　・接続詞「与」　・「得テ而Vス」　・「不レ可カラレVス」

【A120】

夫	子	之	言	性	与	天	道	、	不	可	得	而
聞	也											

〔確認用訓読文〕夫子之言フハ三性ト与《と》ヲ二天道一、不レ可ルカラ二得テ而《φ》聞ク一也（『論語』公冶長）

V 応用篇

本書「はじめに」に記したように、そもそも復文は漢文が書けるようになるための練習でした。漢文を綴る必要がなくなり、もっぱら読むだけになった昨今、復文の価値に疑いの目が向けられるのは無理もありません。実際、復文は、漢文学習の現場で見捨てられています。中学校・高校で使われている漢文の教材はおろか、市販されている漢文の参考書にも、復文に関する説明や練習はまず見当たりません。中学校・高校の定期試験で復文問題が課されないのはもちろんのこと、入学試験で復文を出題する大学も皆無です。

こうした現状に異を立てるべく、本書は練習問題を提供しつつ復文の要領を説明してきましたが、では、復文は単なる陰《かげ》の実力養成にとどまるのでしょうか。果たして、文法知識を固め、語順に対する感覚を研《と》ぎ澄《す》ますためだけに存在するのでしょうか。それはそれとして有意義とはいえ、試験で課される機会がまったくなく、何ら応用の可能性もないのでは、つい意気阻喪《そそう》してしまうのが人情というものでしょう。

そこで、最後に復文の応用をお目にかけておきたいと思います。さすがに、強弁を弄して、復文の実用性をあれこれ言い立てる気にはなれません。けれども、自ら漢文にほどこした訓読の確認、そして漢文訓読体の文章の読解――この二つについて復文が有益であることだけはたしかです。有効範囲は狭く、派手さもない。しかし、以下の内容を心得ておけば、「助かった」と安堵する場面に恵まれる向きは決して少なくなかろうと思います。

訓読の検証法として

たまたま自力で白文を訓読せねばならない事態に見舞われたとしたら、自分の訓読が正しいのか誤りなのか、甚だ不安になることでしょう。そのようなとき、復文が威力を発揮するのです。復文による訓読の確認方法を身につけておけば、大いに役立つに違いありません。

ただし、具体的な方法を紹介するまえに、わきまえておくべきことがあります。それは、残念ながら、復文作業によって訓読の誤りをすべて防げるわけではないということです。これは事実として認めざるを得ません。

大まかに見て、訓読の誤りは三種に分かれます。

第一は、訓読の慣習に反する誤りです。たとえば、動詞の下に、その動作を行う時間や距離が記されているときは、動詞に「こと」を添えて名詞化するのが訓読の通例で、一般形は「Vスルコト＋時間〔距離〕」（Vすること＋時間〔距離〕）となります。具体的には、「走ルコト数十日」（走《はし》ること数十日《すうじふにち》）あるいは「行クコト三十里」（行《ゆ》くこと三十里《さんじふり》）などと訓読するわけです。しかし、これを誤って「走ル二数十日ヲ一」（数十日《すうじふにち》を走《はし》る）または「行ク二三十里ヲ一」（三十里《さんじふり》を行《ゆ》く）と訓じたとしても、それぞれ復文すれば「走数十日」「行三十里」となり、原文との不一致が生じるわけではないので、何ら効力がありません。

しばしば漢文に現れる「往見之」のような字句も、正しくは「往キテ見ルレ之ヲ」（往《ゆ》きて之《これ》を見《み》る）と訓読する習慣なのですが、誰かが誤って「往クレ見ニレ之ヲ」（之《これ》を見《み》に往《ゆ》く）と訓じ、「之《これ》を見《み》に往《ゆ》く」を復文しても「往見之」になるではないかと言い張れば、どうにも手の着けようがなくなってしまいます。

第二は、解釈上の誤りです。「殺之可乎」という一句を、正しくは疑問文と理解して「殺スコトレ之ヲ可ナル乎《か》」（之《これ》を殺《ころ》すこと可《か》なるか）と訓読すべきでありながら、誤って反語文に解して「殺スコトレ之ヲ可ナラン乎《や》」（之《これ》を殺《ころ》すこと可《か》ならんや）と訓じたとしても、復文の操作を加えれば、どちらも「殺之可乎」となり、何も食い違いが生じません。

「君子欲訥於言而敏於行」（『論語』里仁）のような一文も、同様の事態に見舞われる可能性があります。正しく「欲」を「訥」「敏」の両者に掛けて「君子ハ欲ス下訥ニシテ二於《φ》言ニ一而《φ》敏ナラント中於《φ》行ニ上」（君子《くんし》は言《げん》に訥《とつ》にして行《こう》に敏《びん》ならんと欲《ほっ》す）と訓じようが、誤って「欲」を「訥」だけに掛けて「君子ハ欲シテレ訥ナラント二於《φ》言ニ一而《φ》敏ナリ二於《φ》行ニ一」（君子《くんし》は言《げん》に訥《とつ》ならんと欲《ほっ》して行《こう》に敏《びん》なり）と訓読しようが、いずれも復文すれば「君子欲訥於言而敏於行」にもどってしまいます。復文によって「欲」の掛かり方に関する解釈の誤りを防ぐことはできないのです。

個々の語句の解釈についても、復文の効力は零《ゼロ》。語義をまったく誤解していても、それを復文で正すことは不可能です。たとえば、漢文の「故人」は、通例「古くからの友人」の意。けれども、日本語の「故人」に引きずられて「亡くなった人」の意味だと誤解しつつ「出於山、舎於故人之家」（『荘子』山木）を「出デ二於山一ヲ、舎ル二於故人之家一ニ」と訓読しても、書き下し文「山《やま》を出《い》で、故人《こじん》の家《いへ》に舎《やど》る」を復文すれば、ただ原文に立ちもどるだけです。それぞれの語句はもちろんのこと、極端な場合、文意を完全に誤解していても、復文作業の結果は原文とまったく同じという事態があり得るのです。こうした解釈上の誤りについても、復文は無力でしかありません。復文は、あくまで語順に関わる作業であり、そもそも語義とは無関係なのですから。

第三は、文法上の誤りです。おそらくは、これこそ復文が有効な唯一の場面でしょう。原文の文法関係を正しく把握して訓読しているか、とりわけ原文の修飾関係を誤解して訓読していないか――このような点検作業には、右に述べた二種の誤りの場合とは打って変わって、復文が大いに威力を発揮するのです。

この点検作業が「念のために確認する」程度の効力しか持たないのは事実でしょう。もともと正確に復文できる実力があれば、文法関係をなおざりにしたり、修飾関係を取り違えたりして訓読をほどこすはずはないのですから。

けれども、実際に自ら白文を訓読した経験があればわかるとおり、訓読には種々の落とし穴があり、少しでも気がゆるむと、自明の知識をうっかり失念して、わけのわからぬ訓読をやらかしてしまう危険性があります。難所で引っ掛かり、苦し紛れに珍妙な文法関係を捏《こ》ね上げてしまうこともあり得ますし、難所に意識を集中するあまり、つい周囲の平易な字句の修飾関係を見誤ったりするおそれもあるのです。そのようなときでも、復文による検証法を心得ておけば百人力、ふとした不注意や錯覚を確実に防げるに違いありません。

では、復文によって訓読の正誤を検証する手続きを具体的に示してみましょう。

〔検証作業の手順〕

１　自らほどこした訓読に従って、書き下し文を作成する。

２　その書き下し文を復文する。

＊原文の語順に引きずられては、敢えて復文を試みる意味がない。書き下し文のみを対象として、文法的に分析しつつ語順を組み立てる。

３　改めて原文と照らし合わせ、復文の結果が原文と一致していれば、文法的には正しい訓読だと確認できる。もし復文の結果が原文と一致していなければ、文法的に誤った訓読であると考えられる。

初めのうちこそ独りで堂々巡りをしているような思いにとらわれるかもしれませんが、少し慣れれば、ほとんど瞬時に空《そら》で作業ができるようになりますから安心してください。
以下、平易な例を用いて、検証作業の実際をお目にかけましょう。短い字句の基本例を四つ挙げるだけですが、要領は十分に把握してもらえると思います。すでに習得した復文の知識をどう活用するかにとどまる話ですから。

《検証例1》「雲白」を「雲レ白キ」と訓読するのは正しいか？
1 「白《しろ》き雲《くも》」と書き下す。
2 形容詞「白き」が名詞「雲」に掛かっているので、《修飾原則》により「白雲」と復文できる。
3 復文の結果「白雲」と原文「雲白」は一致しない。下方に位置する「白」が上方に位置する「雲」を修飾するかのように訓読したがゆえの誤りである。
▽正しくは「雲白シ」（雲《くも》 白《しろ》し）＝｜雲S ｜白C

《検証例2》「愛甚」を「愛レス甚ダ」と訓読するのは正しいか？
1 「甚《はなは》だ愛《あい》す」と書き下す。
2 副詞「甚だ」が動詞「愛す」に掛かっているので、《修飾原則》により「甚愛」と復文できる。

3　復文の結果「甚愛」と原文「愛甚」は一致しない。下方に位置する「甚」が上方に位置する「愛」を修飾するかのように訓読したがゆえの誤りである。

▽正しくは「愛スルコト甚ダシ」（愛《あい》すること甚《はなは》だし）＝愛(S)甚(C)

《検証例3》「夜想曲」を「夜ヲ想フ曲」と訓読するのは正しいか？

1「夜《よる》を想《おも》ふ曲《きょく》」と書き下す。

2「夜を想ふ」は、《格言》に基づく〔V／O〕変換により「想夜」と復元される。さらに、その二字が名詞「曲」に掛かっているため、《修飾原則》によって「想夜曲」と復文できる。

3　復文の結果「想夜曲」と原文「夜想曲」は一致しない。上方に位置する「夜」を下方に位置する「想」の目的語であるかのように訓読したがゆえの誤りである。

▽正しくは、左のいずれかである。

・「夜ノ想ヒノ曲」（夜《よる》の想《おも》ひの曲《きょく》）＝夜(N)想(N)曲(N)

・「夜ニ想フ曲」（夜《よる》に想《おも》ふ曲《きょく》）　＝夜 想 曲
adv V N

補説　本例は、原田種成『私の漢文講義』（大修館書店、平成七年〔1995〕）一五頁に見えます。原田氏は、某ラジオ局（テレビ局?）のアナウンサーが「夜想曲」を「夜を想う曲ですね」と説明したことに違和感を覚え、「正しくは〈夜の想いの曲〉なのである。〈夜を想う〉ならば、〈夜想〉ではなく〈想夜〉と書くのが漢語の決まりである」（傍点＝原書）と述べています。ただし、現代中国語では、一般に〈nocturne《ノクターン》〉を「夜曲」yèqǔ と称し、「夜想曲」とは呼びません。もし「夜想曲」が純然たる和製漢語だとすれば、「夜ヲ想フ曲」（夜《よる》を想《おも》ふ曲《きょく》）と訓ずる余地もあるでしょう。それは、和製漢語「券売機」を敢えて訓読すれば、「券ヲ売ル機」（券《けん》を売《う》る機《からくり》）と訓ずるしかないのと同様です。右に示した検証作業は、あくまで「夜想曲」を漢文として捉えた場合の話にほかなりません。

《検証例4》「約我以礼」を「約スレ我ヲレ以テレ礼ヲ」と訓読するのは正しいか?

1　「礼《れい》を以《もっ》て我《われ》を約《やく》す」と書き下す。

2　「礼を以て」は〔prep／N〕変換によって「以礼」と、「我を約す」は〔V／O〕変換により「約我」と復元される。また、「礼を以て」は動詞「約す」を修飾する前位副詞句なので、「以礼約」とする。すなわち一文全体は「以礼約我」と復文できる。

3　復文の結果「以礼約我」と原文「約我以礼」は一致しない。後位副詞句「以礼」を、あたかも前位副詞句のように訓読したがゆえの誤りである。

▽正しくは「約スルニレ我ヲ以テスレ礼ヲ」（我《われ》を約《やく》するに礼《れい》を以《もっ》てす）＝約V 我O 以礼Q（『論語』子罕）

以上の四例を通じて、復文による訓読の検証法の骨法は理解してもらえることでしょう。決して難度の高い作業ではありません。長文について検証する場合も、部分ごとに復文をほどこし、それを全体にわたって繰り返し積み上げてゆくだけのことです。

私個人は、自らの訓読を確認する必要があるときはもちろんのこと、大学の教室で何らかの訓読を示したとき、学生から「そのように訓読せず、このように訓読してはいけないのですか？」と別訓の可能性について質問が出ると、たいていは右の方法を用いて正誤を答えています。学生たちが試みる訓読は、ざっと七〇％くらいが文法上の誤りを含んでいるので、学生の言う訓読を書き下し文にして、それを復文してみると、大半は原文と語順が食い違ってしまうのです。

この検証法が『論語』の名高い一文についても威力を発揮することを示しておきましょう。例の「有朋自遠方来、不亦楽乎」（『論語』学而）です。後半「不二亦楽一乎」の訓読に揺れは生じません。「亦」をそのまま「亦《また》」と読むか、送り仮名「タ」を付けて「亦《ま》タ」とするか、あるいは、末尾の「乎」を直接「乎《や》」と訓ずるか、上方に「不《ず》ヤ」と送り仮名「ヤ」を添えて「乎」は置き字にするか、微細な相違が見られる可能性はあります。しかし、「不二亦《ま》タ楽一シカラ乎《や》」にせよ「不二ヤ亦《また》楽一シカラ乎《φ》」にせよ、結果として「また楽《たの》しからずや」と訓読することに変わりはありません。

問題は、前半「有朋自遠方来」の訓読です。この六字には二種の訓法があり、a・bどちらの訓読でも差し支えありません。

a有リ下朋(ノ)自リ二遠方一来タル上　→朋《とも》（の）遠方《ゑんぱう》より来《き》たる有《あ》り。

b有リレ朋自リ二遠方一来タル　→朋《とも》有《あ》り　遠方《ゑんぱう》より来《き》たる。

aのほうが旧《ふる》い訓法で、「朋の」の助詞「の」を補うのは、近時の読み方です。現在では、新しいbの訓法を採る傾向が強いかと思います。

しかし、ここで「どうせ訓読は、日本語として意味さえ通じればよいのだ」と速断し、次のように返り点を付けて読んだりすると、とたんに正しい訓読とは言えなくなってしまうのです。

c有レリ朋下自二リ遠方一来上タル　→遠方《ゑんぱう》より来《き》たる朋《とも》有《あ》り。

返り点の用法そのものは正確です。送り仮名にも間違いはありません。日本語としても、「遠方より来たる朋有り」は、すんなり意味の通じる一文でしょう。けれども、cのごとく訓読することは許されません。それは、「今までそんな読み方は聞いたことがない」というような頭ごなしの決め付けによらずとも、復文による検証で明確に説明できるのです。実際に試してみると——

《検証例5》「有朋自遠方来」を「有レリ朋下自二リ遠方一来上タル」と訓読するのは正しいか？

1　「遠方《ゑんぱう》より来《き》たる朋《とも》有《あ》り」と書き下す。

2　「遠方より」は〔prep／N〕変換によって「自遠方」と、「朋有り」は〔V／O〕変換により「有朋」と復元できる。また、「遠方より」は動詞「来たる」を修飾する前位副詞句なので、「自遠方来」とする。さらに、「遠方より来たる」が名詞「朋」を修飾しているため、《修飾原則》により「自遠方来朋」と復元する。すなわち一文全体は「有自遠方来朋」と復文できる。

3　復文の結果「有自遠方来朋」と原文「有朋自遠方来」は一致しない。下方に位置する

「自遠方来」が上方に位置する「朋」を修飾するかのごとく訓読したがゆえの誤りである。

▽正しくは、前掲a・bのように訓読する。

右で十分に理解してもらえることでしょう。問題のc「有リレ朋下自リ二遠方一来タル上」（遠方《ゑんぱう》より来《き》たる朋《とも》有《あ》り）は、《修飾原則》を踏みにじった読み方なのです。実質上、「雲白」を「雲白シ」（雲《くも》白《しろ》し）と訓ぜず、誤って「雲レ白キ」（白《しろ》き雲《くも》）と訓読した《検証例1》と同様の過誤にほかなりません。

前述のとおり、復文による検証法は、訓読の慣習に反する誤りや解釈上の誤りについては効果が見込めません。しかし、その限界をわきまえて用いれば、この検証法は、訓読の誤謬《ごびゅう》を明確に指摘すべく、有力このうえない説明手段になるでしょう。読者各位においても、さらに創意工夫を加えつつ、さまざまな場面で応用を試みてください。

漢文訓読体の読解法として

もう一つ、復文の実用性が発揮されるのは、漢文訓読体の文章を閲読するときです。今日、「～せざるべからず」「況《いは》んや～に於《お》いてをや」のごとき漢文訓読調の言い回しをちりばめた日本語を綴る人はほとんどいないでしょう。けれども、幼少期から漢文の学習に励み、自らも漢文を書けるだけの実力を身につけていた幕末～明治の知識人たちは、あたかも漢文を訓読したような文章を書くのが一般でした。その漢文訓読体の文章を読むさいにも、復文の技術が有効性を発揮するのです。

　漢文訓読体の文章は、あくまで日本語として綴られたものですから、原文としての漢文は存在しません。したがって、原文と突き合わせて正しいか否かを確認する術《すべ》がないので、やみくもに復文を試みても徒労に終わります。けれども、わかりづらい表現に出くわしたり、今一つ解釈に自信の持てない言い回しに出逢ったりしたとき、復文によって漢文に変換しさえすれば、ただちに問題が解決することが少なくありません。

　典型は、「～を…す」式の表現に理解が行き届かないときです。「～を」が動詞「…す」の目的語であることは、言うまでもないでしょう。つまり、何やら意味がはっきりしない「～を…す」式の表現に出逢ったときには、〔V／O〕変換をほどこして一つの漢語に仕立て、それを漢和辞典で調べればよいのです。もちろん、「人を殺す」のごとき言い回しをわざわざ「殺レス人ヲ」すなわち「殺人」に改める必要はない。一読すれば、明確に意味がわかるのですから。しかし、何となく意味がわかったようなわからないような表現に出くわしたときには、この基礎的な復文技術が大いに役立ちます。

　たとえば、福沢諭吉『学問のすゝめ』の「一身独立して一国独立する事」（三編）第一条に見える左の一節はどうでしょうか。福沢は、一国の人口が百万とすると、才徳を備えた「智者」として国家を支配する千人が「主人」、無智の「小民」として国家に支配される九十九万余が「客分」という構図になるが、その「客分」に甘んずる「小民」が、「主人」たる「智者」に頼り切っていては、ろくに国家のことなど考えなくなってしまう、と議論を展開したうえで、次のように述べます。

国内の事なれば兎《と》も角《かく》もなれども、一旦外国と戦争などの事あらば其《その》不都合なること思ひ見る可《べ》し。無智無力の小民等《ら》、戈《ほこ》を倒《さかしま》にすることも無かる可《べ》けれども、我々は客分のことなるゆゑ一命を棄《す》つるは過分なりとて逃げ走る者多かる可《べ》し。さすれば此《この》国の人口、名は百万人なれども、国を守るの一段に至《いた》っては其《その》人数甚だ少なく、迚《とて》も一国の独立は叶《かな》ひ難《がた》きなり。

《福沢諭吉全集》第三巻四四頁

問題は、文中に見える「戈《ほこ》を倒《さかしま》にす」です。「戈をおさめる」や「戈をむける」ならば、馴染みのある言い回しですから、すぐ「戦うのをやめる」「攻撃の対象にする」意だとわかります。けれども、「戈をさかしまにする」は、たぶん耳にしたことのない表現でしょう。一瞬、どのみち「戈をおさめる」と似たような意味だろうと踏み倒したくなりますが、「戈を倒にすることも無かる可けれども」＝「まさか戦うのをやめることはないだろうが」では、下文「逃げ走る者多かる可し」につながりません。だからといって、曖昧なままでは精神衛生に悪い。ぜひ意味をはっきりさせ、すっきりした気分で読み進めたいものです。

このようなとき、復文が役に立ちます。何のことはない、「戈を倒にす」に〔V／O〕変換を加えて「倒ニス㆑戈ヲ」とし、その「倒戈《たうくわ》」を漢和辞典で引けば、「味方にそむく、裏切る、寝返る」意だとわかる。出典は「前徒倒ニシ㆑戈ヲ、攻メテ㆓于後㆒以テ北ゲ、血流レテ漂ハス㆑杵ヲ」（前徒《ぜんと》戈《ほこ》を倒《さかしま》にし、後《うしろ》を攻《せ》めて以《もつ》て北《に》げ、血《ち》流《なが》れて杵《たて》を漂《ただよ》はす／『書経』武成）。これを当てはめれば、「戈を倒にすることも無かる可けれども」＝「さすがに自国の軍を裏切るようなことはないだろうが」となり、すんなり下文「逃げ走る者多かる可し」へとつながってゆきます。詳しく調べれば、「倒戈」には「（戈を手放して）敵軍に投降する」「（戈を逆さまにして引きずり）軍隊が敗走する」「（戈を逆さまに置き）戦意がないことを示す」などの意味もありますが。

「戈を倒にす」は、たまたま『太平記』その他の日本古典作品にも見える言い回しですので、大型の国語辞典ならば載っています。しかし、たとえば久米邦武《くめくにたけ》『米欧回覧実記』（明治十一年〔1878〕）に現れる「朽《きう》を拉《らふ》す」「級《きふ》を拾《ひろ》ふ」などは、〔V／O〕変換で得られた「拉朽《らふきう》」や「拾《しふ》級《きふ》」（厳密には「拾級《せふきふ》」）を漢和辞典で調べなければ、とても埒《らち》が明きません。

右のごとく、復文の技術は、漢文訓読体の文章の読解にとって非常に有効な手段となります。

日本語として書かれている字句をわざわざ復文によって漢文に変換するのですから、何だか無駄骨を折っているようですが、それが漢文訓読体という文体を読み解く一つの手堅い方法である以上、読み手としては致し方ありません。

そのほか、打消の助動詞「ず」が否定する内容を正確に捉えるべく、復文をほどこして否定の副詞「不」がどこに位置するかを考えることが有益な場合もありますし、いくつかの解釈の可能性が存在することを見抜くために、復文によって数種の漢文を想定する作業が効果を発揮する場面もあります。こうした種々の事項については少なからぬ説明を要し、本書の範囲を逸脱する内容にもなりますので、今は省略に従うしかありません。ここでは、取り敢えず〔V／O〕変換の有効性を認識しておいてください。さらなる興味を抱く向きは、宣伝めいて恐縮ながら、拙著『日本近代史を学ぶための文語文入門――漢文訓読体の地平』（吉川弘文館、平成二十五年〔2013〕）を参照していただければ幸いです。

〈付録〉往時の復文問題

本書「はじめに」で紹介した復文の略史を実例でたどるべく、若干の説明とともに、いくつか復文の問題をお目にかけましょう。往時の復文練習の水準や雰囲気を感じ取ってもらえれば幸いです。余裕があれば、ぜひ過去の復文問題に挑戦してみてください。

第一期　江戸＝漢学塾時代

1　伊藤《いとう》仁斎《じんさい》・東涯《とうがい》父子

東涯は「訳文法式」で、復文に用いる書き下し文を「訳文」と呼び、復文練習に生じやすい誤りを「錯置〔顚倒〕」「妄塡〔謬字〕」「剰添〔衍字〕」「漏逸〔脱字〕」の四種に分けました。「錯置〔顚倒〕」は、語順を逆さまにしてしまう誤り。「妄塡〔謬字〕」は、主として同訓異字に関わる誤りを指します。また、「剰添〔衍字〕」は、必要のない字を書き加える誤りを言い、「漏逸〔脱字〕」は、その逆に、必要な字を書き落とす誤りを意味します。

残念ながら、仁斎・東涯が自ら記した復文問題は伝わっていません。ただし、仁斎の門人であった林義端の編纂による『文林良材』（元禄十四年〔1701〕刊行）首巻の「訳文式例」に、仁斎・東涯が課した復文問題の実態を窺うに足る実例が二つ載っています。「訳文式例」の趣旨は「古人ノ文ヲカタカナ《片仮名》ニカキクダ《書下》シ、人ニサヅケ《授》、モト《原》ノ漢字ノ文ニカカ《書》シメ、カサネ《重》テ本文トヒキ《引》アハ《合》セ、其《その》アタ《当》ルヤ否《いなや》ヲミ《見》ル也《なり》」との由ですから、これが復文問題であったことを疑う余地はないでしょう。

今、二題のうちの一つを左に掲げてみます。原文が全百九十一字に及ぶ長文問題ですので、ここでは初めの七十一字分に当たる書き下し文だけを抜き出すことにしましょう。句読点を加え、仮名遣いは歴史的仮名遣いに統一し、適宜に濁点を付けておきます。文中の「○」は、注意すべき助字が入ることを示す記号です。

何韓ニオイテ同姓近シトス。堅進士ヲ以テアゲラル、ワレニオイテドウゲフタリ。ソノタイガクニアルヤ○、ワレハクシタリ、堅セイタリ、セイハクシドウダウタリ。ソノ堅ヲシルヤ○十年、コジンタリ。ドウセイニシテ近キナリ、ドウゲフナリ、ドウダウナリ、コジンナリ。ソノ願ヲエズシテカヘルニオイテ、ソレ以テコトナカルベケンヤ○。

（全七十一字）

一見してわかるように、漢字がきわめて少なく、片仮名で記された数多くの語句を自力で漢字に改めねばなりません。江戸時代の復文は、尋常ならぬ根気と集中力が要求される高難度の作業だったのです。

字数が多いため、照合に不便な白文は省略し、解答は〔確認用訓読文〕だけを示しましょう。「訳文式例」には興味深い添削の跡や誤謬《ごびゅう》の分類も見えるのですが、暫く省略に従います。

なお、たとえば助字「也」について、「也」そのものを「也《や》」「也《なり》」と訓じていたのか、読みを送り仮名に回して「ャ也ゅ」「ナリ也ゅ」と置き字扱いしていたのか、厳密には慎重な検討が必要ですが、ここでは、暫く現行の方式に合わせ、一律に前者の訓法を採ることにしましょう。実際には、〇の記し方から見て、「ヤ」については後者の訓法を用いて「ャ也ゅ」、「ナリ」については前者の訓法を用いて「也《なり》」と、両種の訓法を使い分けていた可能性が高いと思います。

〔確認用訓読文〕何於《おい》テレ韓ニ同姓為《す》レ近シト。堅以テ二進士ヲ一挙《あ》ゲラル、於《おい》テレ吾ニ為《た》リ二同業一。其《そ》ノ在ル二太学ニ一也《や》、吾為《た》リ二博士一、堅為《た》リレ生、生・博士為《た》リ二同道一。其《そ》ノ識《し》ルレ堅ヲ也《や》十年、為《た》リ二故人一。同姓ニシテ而《ゆ》近キ也《なり》、同業也《なり》、同道也《なり》、故人也《なり》。於《おい》テ二其《そ》ノ不シテレ得レ願《ねがひ》ヲ而《ゆ》帰ルニ一、其《そ》レ可《べ》ケン二以テ無カルレ言《こと》邪《や》。

（〔唐〕韓愈「送何堅序」）

2　山本北山《やまもとほくざん》『作文志彀』

北山は、復文を「覆文」と記しながらも、書き下し文は伊藤父子と同じく「訳文」と呼んでいました。北山が復文練習で特に注意をうながしたのは、助辞（助字とも）と疑字です。助辞は、「也・矣・焉・哉・乎」など、置き字として扱われることが多い文末助詞の類を指します。疑字とは、「見《み》る・視《み》る・観《み》る・瞯《み》る」「是《こ》れ・此《こ》れ・之《こ》れ・斯《こ》れ」など、同訓異字のことです。

北山『作文志彀《さくぶんしこう》』（安永八年〔1779〕刊行）に見える復文のための書き下し文を左に掲げてみます。本来は原文にして全二百二字に及ぶ長文の問題（北山が「通計一百有二字」とするのは誤記ですが、今は前半の九十六字分だけを切り出しておきましょう。北山の「訳文ノ法」つまり復文の出題形式を知るには十分だろうと考えます。

句読点・引用符を加え、北山が自ら作意を説明している二つの割注は〔①〕のごとく番号を付けて後方に移しました。「〆《して》」「寸《とき》」などの略字は通常の片仮名で表記し、仮名遣いは歴史的仮名遣いに統一しておきます。

今日の目で見れば、読み仮名は皆無、送り仮名も不親切で、とても北山の言う「童児輩《コドモら》ノ為《た》メ」（「コドモ」のみ原ルビ）の「訳文」すなわち初心者たる子ども用の書き下し文とは思えませんが、それだけに当時の漢文学習の水準を想い見ることができるでしょう。

現行の訓読とは異なる点も多く、たとえば「V則〜」を「Vスレバ則《すなは》チ〜」とは読まず、多く「Vスルトキハ（則《ゅ》）〜」（「則」は置き字）と訓じています。「曰《いは》ク」に呼応して引用の終結を示すはずの「ト」も見当たりません。なお、文中、右肩に＊を付けた「*所ノ」「*尽ク」は、いずれも脱字と推される箇所を補充した字句です。

斉人一妻一妾ニシテ室ニ処者有リ。其良人出ルトキハ必酒肉ニ饜テ而シテ後ニ□《カヘル》〔①〕。其妻□《トモ》ニ飲食スル*所ノ者ヲ問バ、則チ*尽ク富貴ナリ。其妻其妾ニ告テ曰ク「良人出ルトキハ必酒肉ニ饜テ而シテ後ニ□《カヘル》。其□《トモ》ニ飲食スル者ヲ問バ、尽ク富貴ナリ、□《シカモ》未ダ嘗顕タル者有テ来ズ。□《ワレ》将ニ良人ノ□《ユク》所ヲ□《ミン》トス○〔②〕」。蚤ニ起テ、施ニ良人ノ□《ユク》所ニ□《シタガフ》。国中ヲ□《アマネク》シテ、□《トモ》ニ立談スル者□《ナシ》。

（全九十六字）

〔割注〕　＊原ルビを片仮名で、恣意に加えたルビを平仮名で記す。

①若《ごと》レク此《かく》ノ方《しかく》ヲ処《オク》ハ疑字ナリ。「帰・反・還」ナド、皆「カヘル」ト訓ズルユヱ、何《イヅレ》ヲ処《オイ》テ可《か》ナルベキカト工夫サセンタメニ□ニシテ其《その》字ヲ書《しよ》セズ。下《しも》ミナ此《これ》ニ効《ナラ》ヘ。毫釐《がうり》モ之《これ》ヲ誤《あやま》ラバ、実ニ千里ヲ差《タガ》フ故《ゆゑ》ニ、疑字ヲ弁《べん》ズル、文章ヲ学ブ第一義トス。

②若《ごと》レク此《かく》ノ圏《まる》ヲ処《オク》ハ助字ナリ。「也・矣・焉」ナド、何《いづれ》ヲ処《おく》ベキト工夫サセンタメナリ。

割注②に言う「〇《まる》」は、前掲の林義端「訳文式例」の問題例に見えた「〇」と趣旨を同じくする記号と考えて差し支えありません。

字数が多いため、やはり使い勝手の悪い白文の解答は省略し、〔確認用訓読文〕だけを示しましょう。北山の書き下し文に合わせて送り仮名を付けましたので、現行の標準的な送り仮名と異なる箇所も少なくありません。適宜に読み仮名を付け、また、助字の訓法は、「訳文式例」の場合と同じく、仮に現行の方式に合わせておきます。

〔確認用訓読文〕斉人《せいひと》有リ二一妻一妾ニシテ而《ゆ》処《をる》レ室ニ者一。其《その》良人出《いづ》ルトキハ則《ゆ》必《かならず》饜《あい》テ二酒肉ニ一而《しか》シテ後ニ
反《かへる》。其妻問《とへ》バ下所ノ二与《とも》ニ飲食スル一者ヲ上、則《すなは》チ尽《ことごと》ク富貴也《なり》。其妻告《つげ》テ二其妾ニ一曰ク「良人出《いづ》ルトキハ則《ゆ》
必《かならず》饜《あい》テ二酒肉ニ一而《しか》シテ後ニ反《かへる》。問《とへ》バ下其与《とも》ニ二飲食スル一者ヲ上、尽《ことごと》ク富貴也《なり》、而《しか》モ未《いま》《ず》ダ下嘗《かつて》有《あり》テ二顕《けん》タル者一来《きたら》上。
吾将《われまさ》《す》ニレ瞯《みん》トニ良人之《の》所ヲレ之《ゆく》也《ゆ》」。蚤《つと》ニ起《おき》テ、施《ななめ》ニ従《したがふ》二良人之《の》所ニレ之《ゆく》。徧《あまねく》シテ二国中ヲ一、無《なし》二与《とも》ニ立
談スル者一。

（『孟子』離婁下／〔宋〕朱熹『四書集注』所載本文）

3　皆川淇園《みながわきえん》『習文録』初編

淇園は、復文を「射復文」と称し、書き下し文を集めたものを「読譜」と名づけていました。「射復文」という呼称は、時に「射覆ス」と記されていることもあるため、おそらくは「射覆」

（器《うつわ》や筺《はこ》で覆《おお》われた物を射《あ》てる遊戯）のもじりで、仮名に隠された漢字を射《あ》てて原文を復元する意味合いではなかったかと推測されます。また「読譜」と呼ぶのは、漢文の訓読文を誰かに読み上げてもらい、それを写し取った書き下し文を一定の順序で並べたものだからです。

『習文録』初編（安永三年〜寛政三年〔1774–91〕刊行？）には、誤答例を挙げて誤りの軽重を判定したり（上巻末「甲乙判」）、成績基準表を掲げて優秀者を等級《ランク》分けしたり（下巻末「有斐斎射復比較科範」）する内容も見えるのですが、ここではすべて省略に従い、全五十題（平均百十一字）のなかから一題を示すことにしましょう。

淇園は五音「宮・商・角・徴・羽」に十干「甲・乙・丙・丁・戊・己・庚・辛・壬・癸」を組み合わせて全五十題の番号としていますが、左に原文全百五字の問題「羽丁」から冒頭の七十五字分だけを抜き出してみます。体裁・表記に関する措置は、北山の例と同じ。やはり「曰《いは》ク」に呼応して引用の終結を示す「ト」が記されていないこともあります。

蘇軾密ヨリ徐ニウツルトキニ、河曹村匯ニ決ス。城下ニオイテ富民アラソヒイデテ水ヲサク。軾イハク「ワレココニアリ。水ハ決シテ城ヲヤブルコトヲイタサジ」ト。カリテマタイラシメテミヅカラ杖策シテ武営ニイリ、卒長ヲヨンデコレニツゲテイハク「事急ナリ。禁卒トイヘドモ、カツワガタメニ力ヲツクセ」。卒長イハク「太守塗潦ヲサケズ。ワガナミアヘテ命ヲイタサザランヤ」。

（全七十五字）

北山の書き下し文とは体裁が異なり、□や○は見えません。しかし、「ウツル」は「移」か「遷」か「徙」か、「オイテ」は「於」か「于」か、「ワレ」は「我・吾・予・余」のどれか、「ココ」も「是・此・斯」のいずれか、「ヤブル」は「破」なのか「壊」なのか等々、すべて自力で判断せねばならず、実質上は仁斎や北山の作意に同じと考えてよいでしょう。ここでも解答は〔確認用訓読文〕だけを示しておきます。

〔確認用訓読文〕蘇軾《そしょく》自リレ密徙《うつ》ルレ徐ニ時ニ、河決スニ曹村匯《さうそんくわい》ニ一。于《おい》テニ城下ニ一富民争ヒ出《い》デテ避クレ水ヲ。軾《しょく》曰ク「吾《われ》在リレ是《ここ》ニ。水ハ決シテ不トレ致《じ》サレ壊《やぶ》ルコトヲレ城ヲ」。駆リテ使《し》メテニ復《ま》タ入《い》ラ一而《ゆ》自ラ杖策シテ入《い》リニ武営ニ一、呼ンデニ卒長ヲ一告ゲテレ之《これ》ニ曰ク「事急《ことき》ふナリ矣《ゆ》。雖《いへど》モニ禁卒ト一、且《か》ツ為ニレ我ガ尽クセレ力ヲ」。卒長曰ク「太守《たいしゅ》不レ避ケニ塗潦《とらう》ヲ一、吾儕《わがなみ》敢ヘテ不ランヤレ効《いた》サレ命《いのち》ヲ」。

（〔明〕潘游龍『康済譜』巻五「勤慎」）

第三期　明治〜戦前＝文検時代

1　文検

文検の復文問題を一つ紹介してみましょう。大正五年度〔1916〕第三十回〈予備試験〉の問題です。江戸時代の問題に比べると、漢字が数多く記され、復元すべき原文の字数も短く、はるかに柔《やわ》な印象を免れません。原文には句読点すら見えませんが、少しだけ読み仮名を付けておきます。

才の難《かた》きにあらず自ら用ふる所以《ゆゑん》のもの実に難《かた》し惜《をし》いかな賈生《かせい》は王者の佐にして自らその才を用ふる能《あた》はざるや
（全二十七字）

今日と同じ漢字・平仮名交じりの書き下し文ですので、江戸時代の漢字・片仮名交じりの書き下し文とは異なり、親しみやすく映るでしょう。ただし、文検の復文問題は表記が不安定で、本問のごとく平仮名交じりのこともあれば、片仮名交じりのこともあり、年度によって異なっていたのが実情です。解答は次のとおり。

非才之難所以自用者実難惜乎賈生王者之佐而不能自用其才也

〔確認用訓読文〕非《あら》ズ二才之《の》難一キ二。所三以ノ自ラ用一フル者《もの》、実ニ難シ。惜イ乎《かな》、賈生ハ王者之《の》佐ニシテ、而《φ》不レル能三ハ自ラ用二フル其《そ》ノ才一ヲ也《や》。

（〔宋〕蘇軾「賈誼論」）

参考までに、同じく大正五年度〔1916〕第三十回〈本試験〉で課された漢作文の問題も左に掲げてみます。出典は「文部大臣訓示の概要」との由。やはり句読点や読み仮名は一つもありません。皇族への敬意を表す空格が当時の雰囲気を偲《しの》ばせます。

本年十一月三日立太子式を行はせらるるに付き当日各学校に於ては職員生徒児童を参集せしめて君が代を合唱し　天皇陛下　皇后陛下　皇太子殿下の御真影に対し奉り最敬礼を行はしめ学校長は教育に関する勅語を奉読し立太子の礼に関する訓話をなすべし

冒頭の「本年」は、大正五年を指します。裕仁《ひろひと》親王（後の昭和天皇）の立太子礼に関わる内容ですが、漢文訓読体の文章ですので、復文もどきの問題と言って差し支えありません。おそらく「参集せしめて」「行はしめ」などの使役形を正しく組み立てられるか否かが要点《ポイント》だったのでしょう。現代の我々にとって、右の文章を漢文に書き改めるのは、甚だ荷の重い作業ですが。

次の大正六年度〔1917〕第三十一回〈本試験〉では「光陰可惜」（光陰可レシ惜シム＝光陰《くわういん》惜《を》しむべし）の題のもと、「百字以内」で漢文を綴る本格的な漢作文の問題になりました。それが大正七年度〔1918〕第三十二回〈本試験〉では「二百字以内」と倍増し、さらに「国文及漢文」科が分かたれて「漢文」科が独立した大正十年度〔1921〕第三十五回〈本試験〉からは「三百字以内」にまで増加して以後に及ぶのですから、戦前、文検に合格して教壇で漢文を教えるには、きわめて高い水準の学力が必要とされたわけです。

2　漢文教科書

漢文の教科書にも時おり復文の問題が載っていました。左に引くのは、明治三十五年（1902）に刊行された国語漢文研究会［編］『中等漢文教科書』（明治書院）巻三／七ウ～八オに見える「復文例　一則」です。句読点や体裁に若干の変更を加え、読み仮名を付けておきましょう。

明治二十七年、征清《せいしん》ノ軍興《おこ》リ、清国大《おほい》ニ敗《やぶ》ル。明年清国使《つかひ》ヲ遣《つかは》シテ、和ヲ請《こ》ヒ、戦ヲ弭《や》メ、台湾ヲ以テ我ニ帰《き》セシム。是《これ》ヨリ全島我ガ版図《はんと》ト為《な》リヌ。（全三十七字）

日清戦争を当時の日本の立場から簡潔に説明した字句で、時代の雰囲気を如実に反映する問題です。なぜ復文問題を国威発揚の場とするのか、今日の感覚では理解しかねますが、日英同盟が締結され、やがてロシアと一戦を構えることになろうかという明治三十五年には、こうした字句をすんなり受け入れる雰囲気が教育界にも漂っていたのでしょう。末尾「為リヌ」の「ヌ」は、今ではほとんど用いられなくなった完了の助動詞「ぬ」にほかなりません。現行の訓読ならば、単に「為ル」、または、同じ完了の助動詞でも「り」を付けて「為レリ」と訓ずるところ。解答は次のとおりです。

明治二十七年征清軍興清国大敗明年清国遣使請和弭戦以台湾帰我自是全島為我版図

〔確認用訓読文〕明治二十七年、征清ノ軍興リ、清国大ニ敗ル。明年清国遣シテレ使ヲ、請ヒレ和ヲ、弭メレ戦ヲ、以テ二台湾ヲ一帰セシムレ我ニ。自リレ是全島為リヌ二我ガ版図一ト。

ただし、このような武張った問題ばかりではなく、左のごとき穏当な復文も課されていました。昭和二年（1927）刊行の深井鑑一郎〔編〕『選定中等漢文』（宝文館、昭和三年訂正再版）第五冊三四頁に見える復文練習問題です。やはり些少の読み仮名を付けておきましょう。

天ノ（之）人ノ国ヲ亡《ほろぼ》ス、其《そ》ノ禍敗《くわはい》必ズヤ智《ち》ノ（之）及バザル所ニ（於）出《い》ヅ。聖人ノ天下ヲ為《をさ》ムル、智《ち》ヲ恃《たの》ンデ以テ乱ヲ防ガズ。其《そ》ノ乱ヲ致《いた》ス無キノ（之）道ヲ恃《たの》ムノミ（耳）。

（全三十五字）

親切きわまる体裁の書き下し文で、どの「ノ」を漢字「之」に復元すればよいのか、どこに置き字「於」や文末助詞「耳」を記せばよいのか、すべて明確にわかる仕掛けになっています。もっとも、現行の訓法とは異なり、「於」を置き字として扱わず、助詞「ニ」を直《じか》に当てて「於《に》」と訓じていた可能性も捨て切れませんが。解答は左のごとくです。

天之亡人国其禍敗必出於智之所不及聖人為天下不恃智以防乱恃其無致乱之道耳

〔確認用訓読文〕天之亡二ス人ノ国一ヲ、其ノ禍敗必ズヤ出二ヅ於《φ》智之所レニ不レル及バ。聖人ノ為二ムル天下一ヲ、不二恃レンデ智ヲ以テ防レガ乱ヲ。恃二ム其ノ無レキ致レス乱ヲ之道一ヲ耳。

（〔宋〕蘇軾「秦始皇扶蘇論」／〔宋〕謝枋得〔編〕『文章軌範』所載本文）

以上、わずかな実例ですが、長短・難易の差こそあれ、それぞれ出題形式に工夫をこらしていたありさまがわかると思います。こうした先人の遺業を受け継ぎ、漢文の学習法として復文を現代に再生させんとすることこそ、本書の意図にほかなりません。

あとがき

今日、復文は、ほとんど忘れかけられている学習法だろうと思います。漢文関係者のあいだでこそ往時の学習法として知られてはいるものの、学生はもちろんのこと、いわゆる学者でも、特に漢文に関心のない人たちと話を交わしながら「復文」を口にすると、同音の「複文」と取り違えられて、話が混乱することも少なくありません。もはや漢文学習にまつわる「復文」よりも、英語学習に関わる「複文」のほうが優先して脳裡に浮かぶ時代なのです。それなりに名の知られた研究者が論文のなかで「復文」を「複文」と誤記しているのを目にしたこともあります。

高校の漢文でまったく復文を教えず、そもそも教える時間の余裕もなく、したがって大学入試でも出題されず、となれば、やはり高校の漢文で教える必要もなく、教えるわけにもゆかず……。そのような悪循環に陥ったまま、復文という学習法は見殺しにされつつあるのではないでしょうか。せめて高校で復文の基礎さえ教えてくれれば、大学の入試問題で、漢文の問題文の一部分だけを書き下し文にして示し、それを復文させることも可能だと思います。復文の候補をいくつか選択肢として用意し、正解の番号を書かせるようにすれば、マークシート方式の試験でも十分に出題できるはずです。

凡例に記したとおり、本書は、いわゆる句形の練習をほとんど扱っていません。句形そのものよりも、通常の語順を組み立ててゆく作業こそ、最も肝腎な基礎だと考えるからです。句形のうち、ことさら取り上げたのは、使役形（→p. 160）と受身形（→p. 167）くらいなものです。しかし、本書が掲げた総計百二十題をこなせば、基礎力は十分に養われるはず。句形の練習が必要なさいも、すんなり課題に取り組めるだろうと思います。練習問題の半数以上を最も馴染み深い漢籍『論語』から採ってありますので、何か必要な場合は、すぐに原文や解釈を確認できるでしょう。

本書は、例外的な構文も扱っていません。標準的な語順に副《そ》った例文ばかりです。たとえば、「I　入門篇」で挙げた38「苗ニシテ而不レ秀デ者」（苗《なへ》にして秀《ひい》でざる者《もの》／→p. 52）は、さらに「秀デテ而不レ実ラ者」（秀《ひい》でて実《みの》らざる者《もの》）と続いてゆくのですが、その原文の全貌は「苗ニシテ而不レ秀デ者有リ矣夫、秀デテ而不レ実ラ者有リ矣夫」（苗《なへ》にして秀《ひい》でざる者《もの》有《あ》り、秀《ひい》でて実《みの》らざる者《もの》有《あ》り／『論語』子罕）です。「～者《もの》有《あ》り」と書き下されていれば、「有リ二～者一」と復文するのが通例で、この一文のように「有」が「～者」の下方に位置するのは一種の倒置、例外としか言いようがないでしょう。置き字「而」「矣夫」の位置を指定すれば、原文のように復文すべき問題に仕立てることも不可能ではありませんが、こうした特殊な例を課す必要はないというのが本書の方針です。何を措《お》いても、まずは基礎固め。丸暗記するしかなく、応用の利かぬ構造の文は一つも出題しませんでした。

逆に言えば、各種の句形にせよ、難度の高い構造の文章にせよ、復文には、まだいくらでも学習を進展させる余地があるわけです。

復文の学習効果に魅力を感じ、余勢を駆って一気に実力を向上させたい方々には、差し当たり白川静『字通』（平凡社、平成八年〔1996〕）を最良の復文練習書として薦めます。この漢和辞典は、他の漢和辞典とは大きく異なり、例文すべてを書き下し文のみで掲げています。復文練習にとって、まさに打ってつけの体裁だと言ってよいでしょう。復文作業を通じて、例文の書き下し文から原文の復元を試み、正しく復文できたかどうかは、それぞれの例文に冠せられた出典を調べて確認する――じっくり腰を据《す》えて数題も練習してみれば、実力の飛躍は間違いありません。復文の技術ばかりか、出典調査の要領まで体得できるのですから。文字どおり一挙両得です。

漢文の学習法として、なかんづく語順に対する感覚を磨き、文法知識の定着を図る手段として、復文が広く活用されることを願って已《や》みません。

平成二十九年三月二十六日

著者　誌

索　　引

凡　　例

◇本索引は次のＡ～Ｄの４種６点から成る。

Ａ【語彙索引】pp. 325-320（2)-(7)

１《漢字索引》pp. 325-323（2)-(4)

２《仮名索引》pp. 323-321（4)-(6)

３《英語索引》pp. 321-320（6)-(7)

Ｂ【事項索引】pp. 319-317（8)-(10)

Ｃ【人名索引】p. 316（11)

Ｄ【練習問題出典索引】p. 315（12)

◇索引の対象範囲は、「はじめに」(pp. 3-8)、第Ⅰ～Ⅴ篇と〈付録〉(pp. 19-309)、および「あとがき」(pp. 311-313）である。著者の恣意によって省略した項目もあり、また、《Ｑ１》～《Q120》の問題文・指定条件・語注、および【Ａ１】～【A120】の解答・〔確認用訓読文〕ならびに要点（【A113】～【A120】）に見える語句も採らない。

◇Ａ【語彙索引】の１《漢字索引》は漢字音の現代仮名遣いによる50音順、２《仮名索引》は歴史的仮名遣いによる50音順、３《英語索引》はABC順の排列とした。漢字音は漢音を原則とするが、漢字によっては、日本語における慣用を重んじ、呉音または慣用音を以て立項した。

例：「教」㊐キョウ（㊌コウ）；「且」㊣ショ（㊌シャ）；「所」㊐ショ（㊌ソ）；
「数」㊣スウ（㊌ス）；「無」㊐ム（㊌ブ）；「勿」㊐モチ（㊌ブツ）

◇Ａ【語彙索引】およびＢ【事項索引】の各項目に太字で示した数字が見える場合は、特に当該項目について詳述したページ数を意味する。

◇Ｂ【事項索引】およびＣ【人名索引】は、現代仮名遣いによる50音順の排列とした。なお、Ｂ【事項索引】には、若干の書名・文書名なども組み込んである。

◇Ｃ【人名索引】には、些少の編著書名・文章題なども組み入れた。

◇Ｄ【練習問題出典索引】の排列については、当該索引の説明を参照のこと。

A【語彙索引】

1《漢字索引》

ア 行

已 ……30, 105, 200
以 ……63, 68, 69, **70**, 71, 73, 77, 105, 141, 153, 154, 168, 177, 178, 190, 192, 193, 197, 215, 243, 266, 270, 288, 289, 295
以…為… ……268
矣 ……30, 55, 92, **96〜98**, 194, 246, 300
為〔前置詞〕……55, 56, 59, 68, 69, **71**, 77
為〔動詞〕(たり) ……31, 93, 120, 201
為〔動詞〕(なす) ……263, 268, 269
為〔動詞〕(なる) ……31, 75, 167, 211, 270, 308
謂 ……38〜40, 186
矣夫 ……312
于 ……66〜68, 83, 97, 295
云爾 ……251
亦 ……36, 44, 46, 289, 290
焉 ……**96**, **97**, 300
於〔置き字〕……35, 38, 40, 41, 57〜62, 64〜69, **76〜81**, 83, 106, 121〜123, 128, 145, 175, 182〜184, 195, 197, 199, 203, 207, 208, 224, 249, 261, 263, 267, 283, 284, 292, 309
於(おける) ……225
応 ……156

カ 行

可 ……89〜93, 98, 99, 146, 147, 149〜154, 179, 186, 187, 189, 196
可以 ……147, 153, **154**, 192, 193
敢 ……147
亟 ……186, 187
宜 ……156, 157, 196
及 ……49
許 ……92, 98, 99
教 ……93, 161
見 ……93, 246
遣 ……93, 161
乎 ……44, 62, 63, 68, 83, 92, 93, 186, 283, 289, 290, 300
肯 ……147
盍 ……157, 198
故人 ……283, 284

サ 行

在 ……**143**, **144**, 180, 181, 183, 196, 206
哉 ……42, 43, 92, 300
之(これ) ……39, 106, 126, 141, 191, 194〜196, 254, 262, 283
之(の) ……31〜33, **52〜54**, 91, 92, 95, 102, 111, 129, 131, 132, 163, 164, 168〜170, 185, 190, 204〜206, 209, 212〜214, 244, 258, 267, 269, 271, 272, 284, 309
之(の)〔主述連結〕……**219〜228**, 243〜255
之(の)〔連体形＋〜〕……237, 238
之(ゆく) ……267

自 ……55, 59, 68, 69, **71～73**, 83, 92, 106, 289～292
耳 ……92, 95, 196, 309
而 ……34, 35, 49, 52, 88, 95, 96, **137**, **138**, 140, 141, 153～155, 172～178, 180, 186, 194, 197, 202, 210, 212, 213, 215, 247, 259, 260, 262～265, 267, 268, 283, 312
使 ……39, 91, 93, 96, 98, **161**, 200～203, 266
爾 ……92, 95
而已 ……92, 95, 196, 248
而已矣 ……92, 95
者(は・ば) ……92
者(もの) ……52, 55, 56, 59, 169, 170, 210, 215, 219, **229～235**, 237, 238, 256, 258, 264, 265, 267～271, 312
若 ……49, 89, 93, 197
須 ……156
従 ……92
拾級 ……295
且 ……49, 156, 157, 195, 196
所 ……31, 32, 93, **162～165**, 167～170, 204, 206～211, 268
如 ……52, 89, 90, 93, 120, 124, 125, 197
所以 ……162, **168～170**, 210, 212～215, 269, 270
将 ……156, 159, 199, 200, 214, 215, 246, 251, 255, 269, 270
甚 ……43, 54, 286, 287
雖 ……46, 185, 197
数 ……268
是 ……31, 32, 44, 120, 205
生而 ……259
足 ……154, 193
則 ……181, 301
足以 ……147, 153, **154**, 193

タ 行

当 ……90, 156
倒戈 ……295
得 ……146, 147, **152**～155, 190～192
得而 ……147, 153, **154**

ナ 行

能 ……**146～148**, 184

ハ 行

非 ……248
被 ……93, 246
俾 ……93, 161
不 ……22, **36**, 53～55, 91, 93, 116～119, 124, 125, 129, 130, 138, 148, 173～178, 180, 185, 187, 189, 191, 194, 198, 206～208, 212～215, 221, 247, 248, 251, 260, 265, 268, 289, 290, 296
夫 ……92
不可 ……149, 179, 189, 192
不可不 ……189, 191
不得 ……152
不得不 ……192
不能 ……148, 185, 257

マ 行

未 ……156, 157, 195, 245
無 ……22, 89, 132, **142**, **145**, 179, 180, 204, 212, 245, 248, 254, 259
勿 ……22, 42, 207, 208

ヤ 行

也(なり) ……31, 33, 44, 46, 71, 89, 91, 93, 99, 170, 185, 187, 189, 195, 204, 205, 207, 209, 214, 220, 223～225,

245, 246, 248, 250, 252, 268～270, 299
也(や) ……42, 43, 92, 93, 220, 221, 223～225, 228, 243, 245～247, 249, 255, 299
也〔置き字〕 ……249, 300
耶 ……92
夜想曲 ……287, 288
有 ……22, 45, 54, 89, **142～145**, 178～183, 256, 258, 267, 289～292, 312
猶 ……90, 156, 157, 197
与 ……91, 92, 105, 185
与〔置き字〕 ……246
与〔接続詞〕 ……**49**, **50**, **74～76**, 130, 205～207, 265
与〔前置詞〕 ……64, 68, 69, **73～76**, 83, 89, 191, 197, 265, 272
歟 ……92
欲 ……**159**, 198～200, 202, 203, 205, 207, 208, 257, 264, 283

ラ 行

令 ……91, 93, 98, 161
拉朽 ……295

ワ 行

或 ……49, 50

2《仮名索引》

あ 行

あたはず ……148, 185, 257
あたふ ……147
あへて ……147
あり ……89, 142～145, 180, 182, 183, 196, 206, 256, 258, 267, 290～292, 312
あるいは ……49
いはんや ……292
いへども ……46
いまだ…ず ……156
う ……147, 152
うまれながらにして ……259
うらみず ……117, 118
えず ……152
えたり ……152
えて ……154
おいて ……263, 292
おける(や) ……225
および ……49

か 行

か ……44, 92, 283
かつ ……49
かな ……42, 43, 92
かならずしも ……54
きたる ……55, 71
こと ……72, 88, 98, 99, 131, 148, 152, 185, 191, 222, 223, 244, 245, 257, 282, 283
ごとくす ……52
ごとし ……52, 89, 90, 93, 120, 197, 262
これ ……194, 205, 262, 283, 300

さ 行

ざる ……53, 198
ざるべからず ……189, 292
しかいふ ……251
しく ……124, 125

して ……137, 138, 174, 176, 260, 263
しのびず ……118
しばしば ……186, 268
しむ ……39, 91, 93, 95, 96, 98, 161, 200〜203, 266, 270, 306
ず ……36, 52, 54, 91, 93, 116, 118, 119, 124, 125, 129, 130, 138, 173〜178, 180, 185, 187, 189, 191, 192, 194, 195, 198, 206〜208, 212〜214, 221, 222, 247, 251, 260, 265, 268, 290, 296
ずして ……138, 174, 175, 247, 259, 260
すでに ……200
すなはち ……301
すべからく…べし ……156
せざるをえず ……192
ぞ ……198

た 行

たり〔完了〕 ……95, 96, 152, 190
たり〔断定〕 ……31, 93, 201
たる ……154, 193
て ……34, 35, 88, **137**, 140, 155, 172, 173, 177, 186, 260, 262, 264, 265, 267, 268
で ……260
と ……64, 69, 73〜76, 83, 89, 91, 92, 103〜105, 107, 151, 186, 188, 191, 197, 254, 265, 270, 272
ところ ……**162〜165**, 167, 169, 204, 206〜211, 268
として ……56, 179
…と…と ……49, 50, 74, 75, 130, 205, 206, 265
ども ……140, 177
ともにす ……74

な 行

なかれ ……42, 132, 208
なし ……89, 142, 145, 212, 245, 259
なす ……263, 269
なほ…ごとし ……90, 156, 157, 197
なり ……31〜33, 44〜46, 49, 71, 89, 91, 93, 99, 185, 187, 189, 195, 204, 205, 207, 209, 210, 214, 220, 223〜225, 245, 246, 248, 250, 252, 268〜270, 299
なる ……31, 75, 76, 167, 211, 308
なんぞ…ざる ……157
に ……103, 104, 107, 121, 123, 125, 126, 128, 151, 182, 186, 188, 193, 195, 197, 198, 202, 208, 211, 270
にして ……49, 52, 55, 138, 175, 176, 180, 210, 259, 262, 312
…に…に ……65, 66, 104, 105, 261
…に…を ……36, 37, 104, 191
ぬ ……308
ね〔文節分割〕 ……100, 109, 117, 118, 120, 121, 123, 124, 126, 127, 129, 131
の ……91, 92, 94, 95, 109, 111, 129〜132, 163, 185, 190, 204〜206, 208〜215, 219, 221, 223, 224, 228, 237, 238, 243〜247, 249〜255, 258, 267, 269, 271, 272, 284, 287, 288, 290, 309
のごとく ……57
のみ ……92, 94, 95, 184, 196, 209, 248, 251

は 行

は ……92, 151, 184, 188, 189, 193, 194, 204, 208, 222, 223

ば……92
ばかり……92, 98, 99
はなはだ(し)……286, 287
ひと……88
べからず……192
べし……89〜91, 93, 149, 154, 187, 189, 196
ほつす……**159**, 199, 200, 203, 205, 257, 264, 283
ほりす……159

ま　行

まさに…す……156, 196, 200, 215, 270
まさに…べし……90, 156
また……290
みる……300
も……179, 249
もしくは……49
もつて……141, 154, 177, 178, 190, 192, 193, 197, 215, 266, 268, 270, 288, 289, 295
もつてす……70, 71, 243, 289
もて……56
もの……169, 170, 210, 215, 229〜235, 237, 238, 256, 258, 265, 267〜270, 312

や　行

や……42, 43, 92, 93, 220, 221, 223〜225, 243, 246, 247, 249, 255, 283, 290, 299
ゆく……39
ゆゑん……168, 210, 212〜215, 269, 270
よ……93
よく……147, 148
より……55, 65, 66, 69, 72, 73, 83, 92, 105, 106, 290〜292
よりす……72
よりも……62, 105
よろしく…べし……156

ら　行

らる……93
り……30, 55, 96, 308
る……93, 246

わ　行

を……103, 104, 107, 118, 123, 126〜130, 132, 151, 172〜175, 177, 178, 184, 186〜188, 190, 191, 193〜195, 197, 198, 200, 202, 203, 206, 208, 212, 213, 215, 243, 245, 248, 250, 254, 262〜265, 268〜271, 287, 288
をして……39, 98, 161, 201〜203, 266, 270
…を…す……293
…を…と……104
…を…に……38, 64, 67, 104, 105, 199, 208, 267
をや　292

符　号

〻〔二の字点〕……187, 269

3《英語索引》

a……144
and……35, 49, 74, 202, 213
as if……156
ask...of...……64

at ……61, 67
be ……32, 144, 201
be going [about] to ……156, 159
because of ……63
but ……213
by (means of) ……63
call ……38
can ……148
Do not ……42, 132, 207
even if [though] ……185
exist ……144
for (the sake of) ……56, 67
from ……55, 65, 105
give ……38
(to) govern(ing) ……129
have to ……156
How ……42, 43
how to ……81
if ……197
if..., then... ……181
in ……61, 65
just as ……156
just like ……157
make ……39, 161, 202
must ……148, 156
nocturne ……288
not ……148
not...yet ……156
of ……64
on ……61, 67
or ……49
ought to ……156
regrettably ……55
see ……40
should ……148, 156
than ……62, 105, 249
that ……220
the ……144
then ……181
there is (no) ... ……142, 144
to ……38
toward ……67
unfortunately ……55
unhappily ……55
want (to do) ……159
when ……220
which ……164, 165
who ……164, 165
why not ……157
will ……148, 156, 159
with ……64, 74

B【事項索引】

あ 行

「矣」と「焉」……96, 97
受身(形)……**167**, 211, 246, 312
《英語相似律》
……43, **102**, 112, 132, 185
ＳＭ構造……74, 75
置き字……30, 35, 53, 55, 61, 62, 64, 65, 67, 69, 77〜80, 83, 88, 91, 94〜100, 128, 137, 138, 141, 145, 154, 172〜177, 180, 182〜184, 186, 194, 195, 197, 199, 203, 207, 213, 215, 246, 249, 259〜261, 263〜265, 267, 268, 290, 299〜301, 309, 312
「鬼と逢ったら返せ」
……103〜105 → 《格言》
音便……159, 260

か 行

概数：「許」「可」……98, 99
係り結び……198
書き下し文の要領……88
《格言》……103, 105, 107, 109, 111, 117, 118, 121, 123, 125, 127, 130, 132, 151, 172, 174, 188, 270, 287
学習指導要領……6, 7
『高等学校学習指導要領』……6
《仮名保存則》……**106**, 111, 151
関係節(英語)の翻訳……164, 165
漢字数の関係式……90
感嘆文……42, 43
漢文訓読体
……5, 238, 281, 292〜296, 306
漢文の動詞の特徴……246
禁止命令……42, 132, 207
屈折語……23
訓読の誤り……282〜285
繫辞……**31**, 32, 120, 157, 205
形容詞的修飾語句……210, 219
形容詞的修飾語句＋「者」
……229〜235, 267
後位副詞句……38, 58, **59〜81**, 83, 102, 121, 123, 128, 145, 182〜184, 199, 208, 289
膠着語……23, 44
《構文原則》
……41, **101**, 109, 111, 118, 121
《語順変換規則》……**82**, **101**, 111
〔Ａ／Ｑ〕変換……63, 82, 101, 105
〔Ｖ／(ＯＯ)〕変換
……37, 82, 101, 104, 126, 191
〔Ｖ／(ＯＱ)〕変換……66〜68, 80〜82, 101, 104, 105, 123, 128, 199, 208, 261, 267
〔Ｖ／(Ｏ and/or Ｃ and/or Ｑ)〕変換……83, 101, 104, 107
〔Ｖ／(ＯＣ)〕変換
……40, 82, 101, 104
〔Ｖ／Ｏ〕変換……35, 41, 66, 82, 101, 103, 104, 109, 117, 118, 121, 123, 125, 151, 287, 288, 291, 293, 295, 296
〔Ｖ／Ｑ〕変換
……61, 67, 68, 80, 82, 101, 104
〔Ｖ／Ｃ〕変換……32, 82, 101
〔prep／Ｎ〕変換……66, 82, 83, 101,

102, 105, 107, 288, 291
孤立語 ……23, 44

さ 行

再読文字 ……88, 90, 147, **156**, **157**, 159, 195〜200, 214, 215, 245, 246, 251, 255, 269, 270
使役(形・構文・動詞・表現) ……39, 40, 98, **160**, 161, 200〜203, 266, 270, 306, 312
『史記』 ……97, 99, 105, 221
「射復文」 ……302
《修飾原則》 ……51, **102**, 109, 111, 117, 118, 121, 123, 148, 286, 287, 291, 292
修飾構造 ……47, 48, 50〜58, 102
　形容詞的修飾構造 ……**51〜54**, 58, 102, 111, 244
　副詞的修飾構造 ……51, **54〜58**, 102
《修被直結原則》 ……58, **102**, 110, 111, 119, 122, 123, 125, 132, 146, 178, 180, 206, 207, 215
主語＋「之」＋述語 ……219〜228
主題提示語句 ……45, 150, 184, 188, 189, 194, 227, 254
授与動詞 ……38, 126
《順行配置則》 ……**106**, 110, 111, 123, 126, 128, 151, 184, 188, 193, 196, 209, 215
『書経』 ……295
書名符号 ……116
人名符号 ……116
前位副詞句 ……55, 56, 58, **59〜81**, 83, 102, 190, 191, 197, 263, 265, 266, 289, 291
『荘子』 ……221, 284
存在：「有」「在」 ……143, 144

た 行

「大日本帝国憲法」(明治憲法) ……194
『太平記』 ……295
『太平広記』 ……200
『中等漢文教科書』 ……307
同訓異字 ……98, 99, 297, 300
動詞＋時間〔距離〕 ……244, 245, 282
「読譜」 ……302, 303

な 行

ナ変動詞 ……256
習ひ性と成る ……76
二重否定 ……151, 152, 189, 191, 192
二の字点 ……187, 269
「日本国憲法」 ……194
《日本語相似律》 ……47, **102**, 186
《「之」介入現象》 ……53, 58, **102**, 111, 219, 237

は 行

〈ハーガ〉文 ……45〜47, 102
万能前置詞 ……61
否定：「不」「無」「非」 ……248
復作文 ……6
復文 ……3〜5, 7, 19
　語順の組み立て方 ……101
　作業としての位置付け ……19
　作業の手順 ……100
　作業例 ……108〜111
　重要な心構え ……106〜108
　定義 ……19
　復文による検証作業の手順 ……285
　略史 ……3〜5
「覆文」 ……300
《復文作業用資料》 ……91, **92**〜93, 95, 98, 100, 109

文検 ……4〜6, 305〜307
文末助詞
……32, 44, 47, 102, 247, 300, 309
並列構造 ……47〜50, 74, 75
間接並列 ……48〜50, 74
直接並列 ……47, 48
補説 ……117, 119, 129, 181, 182, 183, 187, 192, 194, 200, 245, 248, 254, 256, 264, 269, 288

ま　行

名詞：副詞(句)への転用
……**56〜58**, 78, 80, 81, 262
『孟子』……96, 179, 302
文検→文検(ブンケン)

や　行

「訳文」……297, 300
「夜想曲」の訓読 ……287, 288
「有朋自遠方来」(『論語』学而)の訓読
……290〜292

ら　行

『礼記』……98
ラ変動詞 ……89, 142
連結動詞 ……**31**, 32, 120, 124, 157, 205
連体形＋「之」＋名詞 ……237, 238
『論語』……95, 97, 103, 219, 264, 283, 289, 312

その他

〈be〉動詞 ……32, 201
Ck≦Ct ……90
copula ……**31**, 32, 120, 157, 205
linking verb ……**31**, 32, 120, 157, 205

C【人名索引】

あ 行

伊藤仁斎 ……3, 4, 297, 298, 300, 304
伊藤東涯 ……3, 4, 297, 298, 300
　「訳文法式」……3, 297
内田勇 ……5, 8
　『文法に立脚せる復文漢作文の演習』……5, 8

か 行

韓愈 ……299
　「師説」……179
　「送何堅序」……299
久米邦武 ……295
　『米欧回覧実記』……295

さ 行

白川静 ……313
　『字通』……313
蘇軾 ……306, 309
　「賈誼論」……306
　「秦始皇扶蘇論」……309

た 行

寺崎昌男 ……8
　『「文検」の研究』……8

な 行

西辻正副 ……7

は 行

林義端 ……3, 4, 298, 302
　『文林良材』……4, 298
　「訳文式例」……4, 298, 299, 302
原田種成 ……288
　『私の漢文講義』……288
潘游龍 ……304
　『康済譜』……304
深井鑑一郎 ……308
　『選定中等漢文』……308
福沢諭吉 ……238, 293
　『学問のすゝめ』……238, 293

ま 行

皆川淇園 ……4, 302, 303
　『習文録』……4, 302, 303

や 行

山下賤夫 ……5
　『漢文法解説復文の系統的練習』……5
山本北山 ……4, 300, 302～304
　『作文志彀』……4, 300

ら 行

李長波 ……8
　「江戸時代における漢文教育法の一考察」……8

【D】練習問題出典索引

＊四部分類(経・史・子・集)による。
＊算用数字は《Q 1》〜《Q120》の問題番号を示す。

◆経◆

『礼記』檀弓上 70；檀弓下 115；楽記 75

『大学』18

『論語』学而 15, 16, 103；八佾 54, 72；里仁 21, 29, 39, 56, 65, 77, 87, 89；公冶長 19, 33, 120；雍也 7, 69；述而 11, 12, 41, 80, 97；泰伯 86；子罕 27, 32, 34, 51, 105；先進 42, 99；顔淵 25, 59；子路 13；憲問 1, 20, 73, 81, 88, 91, 101；衛霊公 17, 23, 76, 94, 98, 112, 113, 116；季氏 24, 96, 110；陽貨 31, 78, 92, 95, 102；微子 22, 37；子張 9, 35, 85, 93；堯曰 114

『孟子』梁恵王上 5, 14；梁恵王下 4, 107, 118；公孫丑上 71；滕文公上 53；離婁 上44；尽心 上74

◆史◆

『左伝』定公十年 46

『戦国策』斉二 43；燕二 82

『史記』項羽本紀 52, 57, 60, 61, 84；仲尼弟子列伝 119；刺客列伝 109；韓信伝 28

『漢書』趙充国伝 6

『後漢書』宦者列伝序 38

『魏志』武帝紀 63

『蜀志』諸葛亮伝 117

『魏書』咸陽王禧伝 45

『十八史略』春秋戦国・魏 64；燕 106

◆子◆

『荘子』人間世 26, 40；天運 66；山木 36, 90

『韓非子』内儲説上 50

『説苑』政理 8, 48, 100, 108；尊賢 104；奉使 47

『太平広記』巻三一七／一「呉祥」49

◆集◆

〔漢〕枚乗「上書諫呉王」2

〔漢〕崔瑗「座右銘」10

〔三国・蜀〕諸葛亮「前出師表」67

〔唐〕柳宗元「鈷鉧潭記」79

〔唐〕白居易「与元九書」55, 62

〔唐〕白行簡『李娃伝』30

〔唐〕孟棨『本事詩』「人面桃花」68

〔宋〕范仲淹「岳陽楼記」111

〔宋〕蘇軾《行香子》「秋興」詞 3；「前赤壁賦」58, 83

古田島　洋介（こたじま　ようすけ）
1957年8月3日　神奈川県横浜市に生まれる
1981年3月　東京大学文学部フランス文学科卒業
1989年3月　東京大学大学院比較文学比較文化博士課程修了
専攻（学位）：日中比較文学・漢文訓読論（文学修士・文学碩士）
現職：明星大学人文学部日本文化学科教授
主著：『「縁」について―中国と日本』（1990年，新典社）
『大正天皇御製詩の基礎的研究』（2005年，明徳出版社）
『これならわかる返り点―入門から応用まで―』（2009年，新典社）
『これならわかる漢文の送り仮名―入門から応用まで―』
（2012年，新典社）
『日本近代史を学ぶための文語文入門―漢文訓読体の地平』
（2013年，吉川弘文館）
共著：『漢文訓読入門』（2011年，明治書院）
注釈：《鷗外歴史文学集》第12・13巻「漢詩」上・下
（2000年・2001年，岩波書店）
編著：『漢文〈素読〉のすすめ』（2007年，飛鳥新社）
翻訳：ジョナサン・スペンス『マッテオ・リッチ　記憶の宮殿』
（1995年，平凡社）
共訳：アーサー・ウェイリー『袁枚―十八世紀中国の詩人』
（1999年，平凡社〈東洋文庫〉）

これならわかる復文の要領
―― 漢文学習の裏技 ――
新典社選書 83

2017年8月3日　初刷発行
2021年1月29日　二刷発行

著　者　古田島洋介
発行者　岡元学実

発行所　株式会社　新典社

〒101－0051　東京都千代田区神田神保町1－44－11
営業部　03－3233－8051　編集部　03－3233－8052
ＦＡＸ　03－3233－8053　振　替　00170－0－26932

印刷所　惠友印刷㈱　製本所　牧製本印刷㈱

ISBN 978-4-7879-6833-3 C1381
https://shintensha.co.jp/　E-Mail:info@shintensha.co.jp

新典社選書

B6判・並製本・カバー装　＊本体価格表示

⑥⑧古典和歌の詠み方読本 ——有賀長伯編著『和歌八重垣』の文学空間——　三村晃功　二六〇〇円
⑥⑨役行者のいる風景 ——寺社伝説探訪——　志村有弘　一〇〇〇円
⑦⓪澁川春海と谷重遠 ——双星煌論——　志水義夫　一四〇〇円
⑦①文豪の漢文旅日記 ——鷗外の渡欧、漱石の房総——　森岡ゆかり　二二〇〇円
⑦②リアルなイーハトーヴ ——宮沢賢治が求めた空間——　人見千佐子　二三〇〇円
⑦③義経伝説と鎌倉・藤沢・茅ヶ崎　田中徳定　二〇〇〇円
⑦④日本近代文学はアジアをどう描いたか　野村幸一郎　一八〇〇円
⑦⑤神に仕える皇女たち ——斎王への誘い——　原　槙子　一六〇〇円
⑦⑥三島由紀夫『豊饒の海』VS野間宏『青年の環』 ——戦後文学と全体小説——　井上隆史　一四〇〇円
⑦⑦明治、このフシギな時代　矢内賢二　一五〇〇円
⑦⑧三島由紀夫の源流　岡山典弘　一八〇〇円
⑦⑨ゴジラ傳《でん》 ——怪獣ゴジラの文藝学——　志水義夫　一七〇〇円
⑧⓪説話の中の僧たち　京都仏教説話研究会　二四〇〇円
⑧①古典の叡智 ——老いを愉しむ——　小野恭靖　一七〇〇円
⑧②『源氏物語』の特殊表現　吉海直人　二二〇〇円
⑧③これならわかる復文の要領 ——漢文学習の裏技——　古田島洋介　二四〇〇円
⑧④明治、このフシギな時代 2　矢内賢二　一〇〇〇円
⑧⑤源氏物語とシェイクスピア ——文学の批評と研究と——　廣田　收・勝山貴之　一七〇〇円
⑧⑥下級貴族たちの王朝時代 『新猿楽記』に見るさまざまな生き方　繁田信一　一五〇〇円
⑧⑦新版 宮崎駿の地平 ナウシカからもののけ姫へ　野村幸一郎　一五〇〇円
⑧⑧宮崎駿が描いた少女たち　野村幸一郎　一七〇〇円
⑧⑨向田邦子文学論　向田邦子研究会　三五〇〇円
⑨⓪歌舞伎を知れば日本がわかる　田口章子　一六〇〇円
⑨①明治、このフシギな時代 3　矢内賢二　一四〇〇円
⑨②ゆく河の水に流れて ——人と水が織りなす物語——　山岡敬和　二一〇〇円
⑨③『源氏物語』忘れ得ぬ初恋と懸隔の恋 ——朝顔の姫君と夕顔の女君——　小澤洋子　一七〇〇円
⑨④文体再見　半沢幹一　二〇〇〇円
⑨⑤続・能のうた ——能楽師が読み解く遊楽の物語——　鈴木啓吾　二七〇〇円
⑨⑥入門　平安文学の読み方　保科　恵　一五〇〇円
⑨⑦百人一首を読み直す2 ——言語遊戯に注目して——　吉海直人　二六五〇円
⑨⑧戦場を発見した作家たち ——石川達三から林芙美子へ　蒲　豊彦　二三五〇円
⑨⑨『建礼門院右京大夫集』の発信と影響　日記文学会 中世分科会　二三〇〇円